Apple

リンゴの文化誌

マーシャ・ライス 著
Marcia Reiss

柴田譲治 訳

花と木の図書館

原書房

［……］は訳者による注記を示す。

著者宅近くにあるリンゴの老木は19世紀のニューヨークやニューイングランドのほとんどの農場に見られたリンゴ園の生き残りだ。

序　章　美と欲望と罪の象徴

アップステート・ニューヨークの19世紀中頃に建てられたわが家には、もともとは名も知らぬ果樹園にあった3本のリンゴの古木があり、今も元気だ。ただしその樹齢もリンゴの名もわからない。このリンゴの木の歴史はとてもミステリアスだし、ある年は大豊作でも翌年は不作という具合に収穫も毎年まったく予想がつかないのだが、春にはきまって芳《かぐわ》しい花をいっぱいに咲かせる。たまたま豊作だった年、家のそばにある2本のリンゴの木から夫とふたりでリンゴをたくさん収穫して皮を剥き、たまに虫がついていれば丁寧にその周囲をえぐりながらリンゴを薄切りにした。小さくてできそこないのようなリンゴばかりなので、スーパーに並んでいるツヤツヤした真っ赤な見栄えのするリンゴとくらべるとどうしても見劣りしてしまうのだが、アップル・ソースや甘いお菓子にすると素敵な風味が味わえる。3番目のリンゴの木は背が高く、わが家から道路を一本隔てた牧草地のなかで孤高の佇まいを見せてくれているのだけれど、長いこと剪定《せんてい》をしていない。それでも小枝が広がる樹冠は毎年5月になると白い花で覆われて、まるで白雲が沸き立っているように見える。

ヴァーモント州で看板を掲げるこのリンゴ農家は、数世代にわたって代々農園を続けている。

この木はわが家の目印であり、生命の再生を告げる使者でもある。幹から分岐した一番太い枝は男性の太腿より太い。下のほうの枝は肘を曲げて前腕を垂らすような格好で地面についている。その枝もまだ生きていて、毎年春になるとその枝から新たなシュート［若い枝］が出てつぼみができる。周りには牧草が生え、夏の終わりにはリンゴの実が見え始めるのだが、草の繁みが深いため、このリンゴを味わえるのはシカだけだ。

わが家の3本のリンゴの木はリンゴの歴史の名残であり、19世紀のニューヨークやニューイングランドのほとんどの農場にあった果樹園のミニチュアのようなもの。植民地時代初期のアメリカにヨーロッパから移植された苗木の遠い子孫だ。もちろんリンゴの木の歴史はアメリカやヨーロッパの果樹園にとどまらず、さらにずっとさかのぼれるはずだが、その歴史物語は今まだ読み解きが進められている最中だ。リンゴは飲料としても食料としても必須の食材であり、何千年ものあいだ人間の基本食料だった。手づかみで頬張るもよし、焼いてパイやタルトにするもよし。煮詰めてソースやバター、ゼリーにし、圧搾してリンゴ酒やジュースに、蒸溜してブランデーに、醗酵させてリンゴ酢、ワインを造ってもよい。乾燥させれば長期保存食にもなった。リンゴは世界中の人々の腹を満たし、舌打ちさせ、酩酊させた。剪定したリンゴの枝は歯車の歯や車輪、織機のシャトル（杼《ひ》）など初期の機械の複雑な部品に加工された。剪定後も芳香が長く続く小さな枝はスプーンに加工され、アップル・ソースの攪拌やバター製造時の牛乳の攪拌（攪乳）にも用いられた。[1]カール大帝の時代にも、リンゴの福音伝道者ジョニー・アップルシードが施した19世紀にも、新しい植民地には必ずリンゴの木が植えられた。リンゴは食料や木材となり、人々を新しい土地に根付かせ、新たな町の未来への投資を支えるものでもあった。

リンゴ生産は今や世界規模の産業で、最大の生産国がアメリカと中国だが、何百年も前にはいたるところに見られた小規模リンゴ農家は今も健在で、新鮮なリンゴを生産している。わたしは毎年秋の初めになると、リンゴを割って弾ける風味が待ち遠しくて、わが家から車でわずかなところに数件あるリンゴ農家へ買いに出る。もう長いことスーパーのリンゴは食べていないし、もちろん巷《ちまた》にあふれるレッドデリシャスは買ったことがない。このリンゴは歯をふっくらさせた形をしているのに、まったく歯ごたえがなく、たいてい甘すぎるので冷蔵庫で何か月も忘れられ、結局スカスカになってしまう。学食の定番と言っていいレッドデリシャスは、現代におけるリンゴ育種にまつわるあらゆる不都合を集約したような品種だ。わたしもリンゴ栽培が変化してきたようすをずっと見てきた。かつては変わりばえのないわずかな品種が大量に生産されていたが、風味と食感が改

レッドデリシャスはつやつやで麗しいほどに赤い。スーパーマーケットで普通に手に入る品種だが、風味に乏しく食感もパサパサだ。

善された品種が数多く出まわるようになった。オーストラリアのグラニースミス、ニュージーランドのガラ、日本のふじ、それにミネソタ州のハニークリスプや、つい最近登場した品種もある。そして何より小規模リンゴ農家数が増加し、高品質の伝説的リンゴが復活している（50年以上さかのぼることができ、現代のリンゴ育種では利用されていない品種だ）。レッドデリシャスにもようやく強敵が現れてきた。

それでもスーパーマーケットに並ぶ品種はいまだに限られ、おいしいリンゴは高額だ。わたしの行きつけのマーケットには十品種以上のリンゴが並び、オーガニックのものも数種類あって、一般的なリンゴ2、3種類しか見られなかった1960年代とくらべればよっぽどましになってはいる。しかしリンゴが大手資本の商品となるまでは、リンゴの品

ゴールデンデリシャスは世界で一番人気のリンゴのひとつだが、2003年のアメリカでのある研究によると、他の多くの品種とくらべ栄養素は少ないとされる。

種は数千種もあったのに、このあたりではそれらは手に入れることはできない。近所の果樹園は秋になるとリンゴの赤い色で点々と覆われ、スーパーマーケットには、国内外から何千キロも輸送されてきたリンゴだけでなく、地場産のリンゴもどっさり並ぶ。

　ところがおいしくて体にいいリンゴとなるとなかなか見つからない。スーパーマーケットで、ある大手ブランドの最新品種のポップに、甘さ指標で最高ランクの「スーパースイート」に達したと誇らしげに書かれているのを見て、わたしはがっくりきた。リンゴはジャンクフードとは違い健康によい食品と思われているが、実はアメリカで収まる気配のない高糖質食品摂取の傾向を助長している食品のひとつなのだ。さらなる甘さを追求し、甘さの頂点に達したリンゴの栄養はといえば「最低」となることもよくあり、[2] リンゴ「1日1個で医者いらず」という格言も笑い草になってしまった。さらに悩ましいのは、スーパーマーケットで販売されている果物や野菜のうち、最も残留農薬の多い商品を毎年発表している「ダーティ・ダズン」に、リンゴが常にランクインしていることだ。このリストはアメリカの環境団体EWGが長年調査しているもので、2011年と2012年にリンゴは残留農薬ナンバーワンという嬉しくない地位を得ている。[3]

だが、良質のリンゴを求める人々に希望の光が出てきた。しかも意外な場所でだ。田舎の果樹園でのリンゴ狩りは都市住民にとっては何世代も続く伝統行事だが、ビッグ・アップルつまりニューヨーク市でもリンゴ栽培の新しい取り組みが始まり、化学物質に頼らない、多様な風味と食感の懐かしい味わいが蘇ってきているのだ。ニューヨーク市が初めてリンゴを商品作物としてヨーロッパへ出荷したのは1758年のこと。当時ロンドンで外交官を務めていたベンジャミン・フランクリンがお気に入りのニュータウン・ピピンを注文したものだった。植民地初の販売目的の果樹園は現在のニューヨーク市クイーンズ区に開かれ、そこで1730年頃に「ピピン」という偶発実生《みしょう》［偶然に発見された、優れた形質を持つ実生の果樹。実生とは挿し木や株分けではなく種子から発芽して育った植物のこと］から育成されたのがこのニュータウン・ピピンだ。ニューヨークで一番有名なリンゴとなり、19世紀いっぱいヨーロッパとアメリカで人気の品種となった。ヴィクトリア女王もこのリンゴのマツのような香りがお気に入りで、議会は第一次世界大戦までこの品種の輸入関税を上げるほどだったという。[4] しかしやがてニューヨークのリンゴ栽培農家は流行に合わせ、とびきり甘くて全体が真っ赤なリンゴを生産するようになり、緑色が混じったニュータウン・ピピンは食料品店や農園の直売所から姿を消していった。それが現在では、若い都市農家がニューヨーカーに地元産リンゴの歴史を経験してもらえるようにと、ニューヨーク中心部近郊や公園にニュータウン・ピピンの苗を植えている。[5] さらにロサンゼルスやサンフランシスコ、シアトル、ポートランド、ボストンそしてデトロイトでも、土地伝統のリンゴ品種を復活させようとする動きが出ている。

　こうした土地の宝物（在来品種や伝統品種）へ新たな熱意が向けられているのはリンゴだけではない。現在、世界各地の園芸家や農家そして食通の間では、失われた味を求めて地元伝統品種の果物や野菜の栽培が行われている。スーパーマーケットでは、収穫したてのスイートコーンや完熟トマトのおいしさは望むべくもなく、地元の農園直売店や菜園の風味よく栄養価も高い旬の作物とはくらべものにならない。ではリンゴをことさら気にかけるのはなぜだろう。それは、リンゴには食べ物以上の意味があるからだ。わたしの近所の人たちは、地元在来品種のリンゴの木が毎年なったりならなかったりする理由についてそれぞれの持論を持っている。数世紀前まで、リンゴの木が花を咲かせて同時に実をつけるのは不吉な兆しと考えられていた。[6] リンゴの木の不順な作柄についても、地球温暖化やミツバチの減少、さらに民間伝承や迷信など、今もさまざまな説がある。個人の気持ちしだいでは、裏庭のリンゴの木に実がなるかならないかで将来の吉凶が占えるものなのかもしれない。

　リンゴが現代も迷信と切り離せないのはある意味では当然だ。世界中のほとんどの文化の神話や宗教、芸術のなかにリンゴが深く植え付けられてきたのだから。リンゴを善や悪と結びつける事例はあらゆる時代の物語や絵画のなかにあふれている。リンゴは、美と欲望そして罪を象徴するもの

オーギュスト・ルノワール「リンゴと静物」（油彩、カンヴァス）。静物画として最もよく描かれるのがリンゴだ。

であり、すぐれた健康食であり、毒が隠された存在でもある。文芸作品に最もよく登場する果物であり、繰り返し象徴的な表現として取り上げられ、静物画のモチーフとしても最もよく選ばれてきた。そしてリンゴそのものが象徴となり、スーパーの棚に並ぶだけでなく、コンピューターやスマートフォン、音楽プラットフォームのブランドとして知られるようにもなった。

著者はジャーナリストのフランク・ブラウニングと共著で『アップル *Apples*』（1998年）という本を出版したことがある。ブラウニングは、家族経営のケンタッキーの果樹園で父親とリンゴの世話をしながら成長した人物だ。その書籍でわたしたちはリンゴのもつ複雑なアピール力についてこう書いた。「普通なのに不思議で、トーストのように当たり前な存在でありながら、夢のようにつかまえどころがない[7]」。

第1章　野生より——抒情と哀歌

1862年の初め、結核で死の床にあったヘンリー・デイヴィッド・ソローは、自然に関する自身の厖大な資料を用いてリンゴに関する長いエッセーを著した。これはソローが死んで6か月後の同年年末にアトランティック・マンスリー誌に掲載された。タイトルは「野生りんご Wild Apples」〔『アメリカ古典文庫4』所収／研究出版／1977年／木村晴子訳〕。時代を問わず独特の魅力を放つリンゴ讃歌でもある。[1] ソローがナチュラリストとして執筆をしていたのは産業革命の只中だったが、その頃よりも今日の環境への懸念を示唆しているようにも読める。これ以前の作品でよく知られているのは『市民の反抗』（1849年）〔飯田実訳／岩波文庫／1997年〕および『森の生活 ウォールデン』（1854年）〔飯田実訳／岩波文庫／1995年〕であり、後者はソローの一番有名な作品だが、叙事詩的最高傑作といえるのは、野生のリンゴへの心温まる批評を展開し、リンゴの近い将来を心配したこのエッセーだ。ニューイングランドの自宅周辺の林野を生涯鋭い観察眼をもって熱心に散策したソローは、リンゴを人類の至高性を体現するものと見ていた。

マーガレット・ローチの庭にある樹齢100年以上のリンゴの木は今も実をつける。ニューヨーク州コペイクフォールズ。

闘うべき困難をこの木よりたくさんもち、この木より頑強に敵に抵抗している木をぼくは知らない……あらゆる野性味のある人間の子供といく分似ているが、あらゆる野生りんごの灌木も、このように僕たちの期待を刺激するのだ。もしかしたら野生りんごは変装した王子なのかもしれない。人間にとってなんとよい教訓だろう。［前掲『アメリカ古典文庫4』木村晴子訳より引用。以降の引用部分も同様］

ソローにとって少なくとも自然状態のリンゴに悪いものはなかった。「野生りんごのほとんどすべては形がよい。見た目にねじけすぎたり、すっぱそうすぎたり、色が悪すぎたりということはない。一番ねじけているのでさえ、視覚に対して何らかの取り柄を持っている」。またソローは木から落ちて腐り、半分凍ったようなリ

新世界に元々あったリンゴは、秋にこうした小さな実をつける野生リンゴだった。

ンゴも好きだった。さらに栽培されたリンゴについても「もっとも文明化した樹木である。それは鳩のように無邪気で、薔薇のように美しく、羊や牛の群れのように貴重である」として蔑むことはなかったし、野生リンゴは「オリーブの木に劣らず平和のシンボルだと考えてよいと思う」と述べている。

一方、150年前すでに商魂逞しい農家の間で好まれていたのは、外見が一様で出荷が容易、ただし「たいてい非常におとなしくてどうということのない味」のまったくいいところのないリンゴだった。当時のニューイングランドのマーケットで見られるような甘いだけのリンゴと、野生リンゴの「弓矢みたいな鋭い味」を対比させながら、「灼熱の南国からの未熟なまま輸入されたもの」に不満を漏らしていたソローは、

20世紀中頃にスーパーマーケットの棚を占領するパサパサのリンゴや段ボールのような固いトマトの登場を予見していたかのようだ。だがソローは、自身もリンゴも本当の意味での野生ではないことを重々承知していて、「そうはいったが、ぼくたちの野生りんごは、アメリカ土着の種類には属さず、栽培された系統の種が森に迷い込んだだけで、たぶんぼくと同じくらいしか野生的でないのかもしれない」と野生リンゴに共感を示している。白人開拓者がアメリカの植民地に持ち込んだリンゴのように、ソロー自身も先祖はヨーロッパ生まれというわけだ。ウォールデンの森もソローの自宅から歩ける距離にある、いわば飼い慣らされた野生であり、一年に何度かはウォールデンの森の生活を中断して自宅へ戻ってもいる。自分自身が飼い慣らされた人間であるソローは、リンゴの生物学史に通じていた。「りんごは、他のどんな樹木よりも古くから栽培されてきたので、もっとも文明化しているのだ」。一方でソローはリンゴの未来の心配もする。「犬を野生の起源までたどることができないように、りんごもいつかはその由来を明らかにできなくなるかもしれない」。

ソローのリンゴ抒情詩は最後に野生喪失への哀歌となる。ソローは種子から育てたリンゴの純粋な風味を熱烈に愛し、接ぎ木苗ではリンゴの本質が薄められ、野生の森も失われると考えていた。ソローは「接ぎ木したりんごの列はこの野生りんごの列のようにぼくを散策に誘ったりはしない」と嘆く。農耕民に圧倒された狩猟採集民のようなソローの嘆きは、変化の時を迎えた野生の声を代弁するものでもあった。ソローのお気に入りは「栗鼠《りす》の歯をさえ浮かせ、懸巣《かけす》に金切り声をあげさせるに足るほどすっぱい」リンゴで、大衆好みではなかった。19世紀には野生リンゴの大部分は「サイダー」の製造に用いられたが、ヨーロッパでサイダーといえば醗酵アルコール飲料の「リンゴ酒」

のことで、のちに合衆国でサイダーとして飲まれるようになる甘いリンゴジュース（ノンアルコールのサイダー）とはまったくの別物だ。

現代のわたしたちが甘くてサクッとしたリンゴにかじりつくときの喜びは、育種家と栽培農家が実生と接ぎ木の両方を使って何世代もかけて積み上げてきた努力の賜物《たまもの》だ。しかしソローが予見していたように、現在のリンゴの状況はとても残念なものになっている。ソローの時代には鉄道がアメリカ全土に展開しつつあり、リンゴ栽培もすでに地元農家から巨大な商業的果樹園に変化していた。ソローの死からちょうど10年目には鉄道の冷蔵輸送が始まった。生産規模が大きくなるほど品種ごとの独特の風味は犠牲にされ、長期保存と長距離輸送が可能な、かつ見た目のよい品種が選ばれるようになった。ソローのエッセー「野生りんご」は、今日の大量生産による風味のないリンゴの登場を、そしてそれゆえ野生がもつ自然で生き生きとした風味を復活させようとする意欲が未来に現れることをも予見していた。ソローは19世紀当時にはよく理解されなかったが、１９７０年代には自然回帰運動の英雄と見なされ、その哲学は今日の在来種リンゴ復活の動きとも共鳴している。

しかし、わたしたちがこよなく愛するリンゴが野生から切り離されてすでに何世紀も経った。リンゴの物語――それは入り組んだ物語だ。ローマ人が洗練させた接ぎ木の技術、現代の商業的リンゴ生産者の空調制御された倉庫、期待されつつも不吉な発展を感じさせる最新の遺伝子技術の進歩など、物語のプロットも多様になっている。さらに、リンゴは愛国主義と農薬の政治ゲームに巻き込まれ、資本主義と共産主義の苦闘にさらされ、そのたびに世界中のリンゴ栽培法が変化させられてきた。結局、長期的に見れば野生リンゴのほうに価値があるというソローの見解は正しかったこ

屋根の上にリンゴを並べて乾燥させている農民。1935年ヴァージニア州。農民にとって乾燥リンゴは何世代もの間長い冬を乗り切るのに欠かせない保存食だった。

となるのかもしれない。

ただし、リンゴの起源が中央アジアの山地森林であることなど、ソローには知るよしもなかった。20世紀にカザフスタンで発見された現在のセイヨウリンゴの祖先には、この果物の生物的多様性と将来の生存可能性のヒントが隠されていた。

第2章　バラはバラであり、バラであり……リンゴである

「バラはバラであり、バラであり、バラである」。ガートルード・スタインがバラにまつわる有名なこの一節を思いついたとき、リンゴのことは頭になかっただろうが、実は両者には植物学的なつながりがある。どちらも分類学上はバラ科（Rosaceae）に属する。オールド・ローズのようなリンゴの花の甘い芳香は、リンゴとバラが近縁の植物である明確な証《あかし》だ。一方レッド・ヒップというバラの実も小粒のリンゴにそっくりだ。ひょっとするとロバート・フロストは愉快な詩「バラ科 *The Rose Family*」（1928年）でこのスタインの一節を思い浮かべながら、植物どうしの愉快なつながりを想像したのかもしれない。「理論的にリンゴはバラだ」。フロストの詩は正しい。フランク・ブラウニングの解説によると、リンゴは「バラ科に属する原種に近いスモモと、セイヨウナツユキソウ（メドウスイート）という白と黄色の花をつけるシモツケ属の花の間の気まぐれな婚外交渉による滅多に発生しない庶子」で、その子孫が「原種のリンゴであり……実はローズヒップのように小さく、苦味があった」[1]。

セイヨウリンゴ（学名 *Malus domestica*）。1885年の植物画。バラとリンゴはどちらもバラ科（Rosaceae）の植物。（図版中には異名の *Pyrus malus L.* とある）。

野生リンゴ。銅版画（エッチング）、1910年頃。

バラ科に属す種は多く、リンゴやナシ、スモモ、マルメロ、モモ、サクランボそしてベリー類など、現在わたしたちが口にしている果実のほとんどがバラ科で、リンゴは「地球上で最も硬く、最も長もちし、最も多様な果物だ」[2]。一般的な花と同じようにリンゴの花にも雄しべと雌しべがあるが、ほとんどのリンゴは自家受粉できない。子孫を作るには、人間と同じようにパートナーとなる別の木と受粉する必要がある。リンゴには三倍体として知られる品種があって、そうした品種は花粉をまったく生産せず、全エネルギーを大きな果実の生産に投入する。そのため受粉に必要な花粉は周りの樹木が頼りだ。さらに品種に関わらずリンゴには仲人としてのミツバチの働きも欠かせない。ミツバチは雄しべから別の花の雌しべへ花粉を運んでくれるからだ。プロの育種家や研究者はこのミツバチの働きをまねて、花から花粉をとっては別の花に丁寧に受粉させる（交配）。こうして交配させた花には覆いをかけてそれ以上の受粉を防ぐ。果実が熟したら種を採取してまき、何年もかけてこの「お見合い結婚」の結果を追跡する。２０１０年にリンゴのゲノム配列が決定されたことで、リンゴ育種のすばらしい新世界が開かれた。育種家は交配相手として有望なリンゴをＤＮＡ解析することにより、交配結果を以前よりずっと迅速かつ正確に予測できるようになった。作家で園芸家でもあるロジャー・イプセンによると、現在のような育種時代が始まるまで、ほとんどのリンゴは「品種不詳の両親の間でたまたま受粉して誕生した」ものだ。[3]

人類の祖先がリンゴを食べるようになると、人は好き勝手に名前をつけ始めた。しかしローマ時代以前のヨーロッパでリンゴを表す言葉は、ドイツ語では aplu、ケルト語で abhall、ウェールズ語は avall、ゲール語は afall で、現代の英語 apple とよく似ていた。[4] 野生リンゴの一種、クラブアップル（crab apple）と苦味や刺激を意味する古英語の crabbe のどちらが先に生まれたのかははっきりしないが、野生リンゴの酸っぱい味と不快感の間に関連性があることは明らかだ。リンゴはギリシャ語とラテン語ではもっと肯定的な意味になる。ソローは「昔、りんごは非常に重要で、広く分布していた」と指摘し、「りんごという言葉を語源までさかのぼると、たくさんの言語において果物一般を指している」ことがわかると述べている。[5] 古代ギリシャではリンゴを「メーロン」と言い、これは「女性の乳房」も意味した。古代ローマには「ポムム」（pomum）ともっと一般的な「マルス」（malus）というふた通りの言い方があった、malus のほうはラテン語としてリンゴ属の属名となっていて、この属には20種以上のリンゴが含まれる。普通はリンゴ酒に用いられる野生リンゴや、

ローマ神話の果樹の女神ポモナがスカートでリンゴを抱えるようすを描いたタペストリー。エドワード・バーン＝ジョーンズ作（1900年頃）。ポモナという名は果物を意味するラテン語の pomum に由来する。

野生リンゴをついばむレンジャク。鳥類が落とす種子によって広範な地域で原生林が育まれてきた。

生でも調理してもおいしい甘いリンゴもこの同じ属に含まれる。植物学者のなかには甘いリンゴの唯一正しい種名はマルス・プミラ（学名 *Malus Pumila*）と主張する者もあるが、セイヨウリンゴ（学名 *Malus domestica*）のほうが一般的なので本書でも後者の学名を用いている。この種には偶然生じた実生やハイテクを用いた交配種も含め約9000種類の栽培品種が含まれ、有名なところでは19世紀に流通し始めたレッドデリシャス、マッキントッシュ、グラニースミスなどがあり、新顔としては2013年に種苗市場に導入されたスナップドラゴンやルビーフロスト、カンジがある。スーパーマーケットの棚ではほとんど目にすることはないが、リンゴにはこれらの他に何千もの栽培品種が存在する。このことは、リンゴに大きな魅力があり、変化し続けることで自らを再生産し続けられる特別な能力があることの証である。

リンゴはこの惑星で最も幅広く分布する果樹で、それは人間や動物、鳥や昆虫が何百万年もかけて拡散させてきた結果だ。リンゴは、植物としての特性と成長パターンなどの持ち味すべてを駆使して、人類が関わる以前からその特性を変化させつつ、移動と増殖を実現していた。ミツバチが無差別に異種交配を進めたことで、野生リンゴの種子には大きな遺伝的可能性が生まれた。「リンゴは木から離れたところには落ちない」（この親にしてこの子あり）という格言とは逆に、リンゴのひとつひとつの種子は驚くほど多様な遺伝子セットを持っていて、常に親木《おやぎ》とは異なる無数の変異が生じる。リンゴの細胞ひとつひとつに含まれるゲノム、つまりDNAの全セットには約五万七〇〇〇の遺伝子がある。これは今日ゲノム解析がされている植物のなかで最も多く、人間の遺伝子の2倍もある。[6] 異なる品種間で受粉した果実にとくに変わったところはないように見えても、果実に含まれる種子を発芽させると親木とは異なる新しい木に成長し、まったく異なる子孫となることも多い。甘いリンゴの種から育てたリンゴの木になった実が、がっかりするほど硬くて、顔を顰めるほど苦く「吐き出す」という意味がある「スピッター spitter」と言われる実をつけることがある。ひとかじりしただけで酸っぱすぎて「吐き出す spit」からそう言われるのだが、それこそ先祖の野生リンゴに近い味だ。逆に親木よりも甘い実がなり、ワインのような爽快な酸味と芳醇な風味をもつ場合もある。皮は赤や黄色、緑、あるいはそれらが混じった色合いになることもあり、表面がツルツルしているものもあればざらつくもの——たとえばラセットがそうだ——もある。またリンゴは「more than skin deep」（うわべだけではわからない）という格言が当てはまらない果樹でもある。剝いたら捨てられることが多いリンゴの皮だが、実はリンゴの風味と植物性アロマの源となり、栄養が多いのもこの皮の部分だからだ。[7]

●寒さが肝心

リンゴの種は発芽条件が厄介だ。この果樹は温帯地域が原産だが、種子の発芽には低温が必要となる。これはエデンの園起源説、少なくともエデンの園が位置したと想像されるパレスチナのきわめて暑い気候が起源であることの反証になるとも考えられる。[8]種子は一般的に摂氏2度の低温期を60日以上経ないと発芽しないため、冬季にこの発芽条件を満たせて最初にリンゴが定着したのが中央アジアや北アメリカだった。リンゴの木は果実ができる前にも低温期が必要になる。「グッドバイ・アンド・キープコールド Goodbye and Keep Cold」（*Harpers* magazine, 1920）で、ロバート・フロストは自分の果樹園を回想し、普通なら冬には暖かくするようにというところだが、親が子どもに話しかけるように果樹園には低温が必要であることを詩にした。

果樹園は冬一番の嵐でもへこたれない。
それでも忘れてはいけないよ、暖かくしないこと。

「何度も聞かされたと思うけど、若き果樹園よ、
低温を保ってまた会おう」

晩秋から初冬に気温が7度以下になるとリンゴの木は葉を落とし、呼吸速度を落として休眠期に入る。この期間は外見ではわからないがもっぱら栄養を補給する時期であり、根は土壌から静かにミネラルを吸い上げている。晩冬の低温も重要で、低温の刺激によって前年の夏にできた固く閉じたつぼみにひびが入る。温暖な気候の地域では、時々肥料を与えてつぼみが開くように誘導する。つぼみが開いてから春の霜にあうと、果実を作る準備ができないうちに花がだめになってしまうため、冷涼な気候の果樹農家は極端な手段を取ることもある。開花後に霜の予報が出ると夜間にヘリコプターを依頼するのだ。夜間に果樹園上空に飛ばして上から風を送り、地上の冷え切った空気と少し上層の空気を混ぜることで霜が降りるのを防ぐのである。ただし、春の霜にあうとその年の収穫を棒に振る可能性はあるのだが、翌年には豊作になることが多い。実がなる数が少なければ、リンゴの木にとっては休息のシーズンとなるからだ。ヴァーモント州で先祖代々の大切な果樹園を受け継いできたエゼキエル・グッドバンドは、「充実した休暇を過ごしたリンゴたちは、翌年にはとても元気になる」と言う。[9]

セザンヌもそうだったが、あなたもリンゴをボウルに載せてテーブルに置くのがお好みかもしれない。センスのいい食卓にはなるが、リンゴの保存に最適な場所は本当は冷蔵庫だ。庫内の冷気により、完熟を通り越して腐敗にいたる自然過程の進行速度を遅らせることができる。冷蔵庫に入れ

たリンゴは、特に庫内の野菜室など湿度の高い部分で保存すると、室温保存の10倍以上長持ちする。[10] 人工的な冷蔵技術が発明されるずっと以前、リンゴを輸送船で遠くに運ぶときは船倉に入れたり、農家が長い冬のあいだ保存するときは暖房のない納屋の屋根裏に置いておくなど、低温かつ霜が降りない場所での保存が肝心だった。農家によってはリンゴを樽に詰めて密閉し、凍りついた小川の下に埋めておくこともあった。春になって水から出した冷えたリンゴはシャキシャキして新鮮だったという。[11]

低温に保つことにより、自然発生する植物ホルモンの一種であるエチレンの生産を遅らせることができる。リンゴをはじめ多くの果物は、熟すとエチレンをガスとして放出する量が増え、一緒に梱包されていた他の果物や野菜を腐らせてしまい、特にリンゴの放出量が多い。だからエチレンに敏感なバナナはリンゴから遠ざけておく必要がある。「腐ったリンゴ一個が樽のリンゴ全部を腐らせる」というよく知られたことわざはこうした経験から生まれた。また、リンゴは傷つくと普通に熟すときよりも多くのエチレンを放出する。19世紀のリンゴ栽培農家はこのことは知らなかっただろうが、彼らは輸送中に樽の中でリンゴが押し合わないよう、労を惜しまず樽の中に何層にも藁を敷きつめ、リンゴが藁に包まれるようにした。アメリカの文化史や民族学に関する多くの著書があるエリック・スローン（1905～1985）によれば、「リンゴの樽を転がして運ぶような人夫は、すぐに首になった」。スローンが引用している古い年鑑はこう警告している「リンゴの収穫の仕方を見れば、その人が注意深いかどうかがわかる」[12]

現在もリンゴは出荷にあたってとても大切に扱われ、厚紙でできた蜂の巣状の梱包資材に収めることが一般的だ。さらに、小売店に到着するかなり前からも高度な技術が用いられる。冷蔵技術によりリンゴはいわば冬眠状態となり、呼吸量は低下する。すると二酸化炭素を吸収し、酸素を放出してエチレンを生産するようになる。第二次世界大戦が終結するとすぐにイギリスの科学者らはこの過程を完全に停止させる方法の実験を開始した。窒素ガスを注入して休眠中に発生する酸素と二酸化炭素を追い出すことで、リンゴをいわば仮死状態にする方法だ。この技術は庫内の空気の組成や温度、湿度を調節できる「CA貯蔵」（CA Controlled Atomosphere）が開発されたことで実現し、現在ではほとんどの大規模生産者がこの技術を利用している。リンゴが完熟する前に収穫してCA貯蔵庫に収めておき、出荷直前になると貯蔵庫の窒素の量を減らすか、リンゴを貯蔵庫から出してリンゴの呼吸を復活させ、ふたたび成熟が進むようにするのである。たとえばニュージーランドからアメリカやイギリスなど遠い海外へリンゴを輸出する場合は、貨物船内の移動型CA貯蔵庫を利用する。ただしリンゴは品種によって熟す速度が異なるので、CA貯蔵庫に入れるタイミングと出すタイミングの判断は簡単ではない。

2007年には果物と野菜のエチレン生産を阻害する「メチルシクロプロペン」という化学物質（スマートフレッシュというわかりやすい別名もある）が開発された。[13] 普通ならリンゴが熟すのは夏から秋にかけてだが、CA貯蔵と同様にこの化学物質のおかげで一年中リンゴを供給できるようになった。みずみずしい硬さは維持され、栄養の大部分も残る。ただし風味が失われることがある。貯蔵庫に保存されていた期間と輸送距離によっては、スーパーマーケットで買ってきたリンゴをすぐに冷蔵庫で保存したとしても、すぐに風味と食感が感じられなくなってしまうこともあるだろう。

2011年、ガザのビーチでキャンディーアップル（りんご飴）を売るパレスチナの少年。低温期間が短くても栽培できる（つまり低温要求量が少ない）品種を選抜育種し、暖かい気候でもリンゴが栽培できるようになった。

自宅や地元の果樹園でリンゴを収穫する場合は、マッキントッシュのような早生《わせ》品種はたとえ冷蔵庫に入れておいたとしても賞味期間は数週間だ。晩秋になって熟すノーザンスパイなどの品種なら、数か月はもつ[14]。

しかしリンゴは常に変化し続けている。リンゴによってはこうした法則に収まらないものもある。リンゴはどれも収穫後冷蔵したほうがいいのだが、品種によっては長い低温期を経なくても果実を生産できるようになった。選抜育種によって低温期間が短くても休眠から目覚める、低温要求量が少ない品種が開発され、南カリフォルニアなど冬季に温暖な地域でもリンゴが生産できるようになった。ビバリーヒルズやトロピカルビューティといった品種がそれだ[15]。これらの品種は、

ハニークリスプ

これまでリンゴには暑すぎるとされていた世界の他の地域、たとえば聖書の舞台となった地域でもすでに栽培されている。イスラエルではガリラヤ北部の丘陵地帯でリンゴを栽培しているが、南部でも栽培できる低温要求量の少ない品種「アンナ」を開発している。

●驚きの歯ごたえ

リンゴは成熟するにつれ細胞構造に変化が生じ、必然的にパキパキした食感からスポンジのようなフワフワな食感になる。成熟とともに細胞［間にあるペクチンが分解され］間隔が広がり、そこが空気で満たされるためやわらかくなる。リンゴをかじると歯が細胞を破壊し閉じ込められていた果汁が弾け出るが、古くなったリンゴの場合は細胞を押し分けるような食感になる。[16]

現在市場を席巻しているのは、シャキシャキした食感のリンゴだ。「ハニークリスプ」（ヨーロッパではハニークランチとして知られる）は1991年に公開されるとこの食感で有名になり、2006年には「世界を変えた発明トップ25」のひとつに選ばれ、同じくランクインした検索エンジン「グーグル」と肩をならべた。[17] この「トップ25」はアメリカとカナダの大学での研究による発見、発明から、「大学技術マネージャー協会」（AUTM Association of University Technology Managers）が選定し、編纂したものだ。

ハニークリスプは、それまでリンゴの主要生産地となるには気温が低すぎると考えられていたミネソタ州のミネソタ大学で開発された。同大学の研究者らは長年の試行錯誤ののち、同州の短い生育期間によってミネソタ州のみならずリンゴ業界においても唯一無二の特徴が生まれていたことを発見する。それは傑出した風味とジューシーでシャキシャキした食感であり、しかもその特徴が数か月間保てる。2006年までには大人気の品種となり、ミネソタ州やアメリカ北中西部のその他の地域でも小規模リンゴ農家に収入増をもたらしていた。この品種の特許を所有する大学はハニークリスプの苗木を何百万本も販売し、大きな収入を得た。大学の資金源となったリンゴの特許の有効期限は2008年に切れ、現在は世界中で特許料を支払わずに栽培できるようになった。

一方ミネソタ大学の研究者らはハニークリスプの成功でさらに利益を上げる品種の開発に余念がなかった。その結果2010年に発表されたのがスウィータンゴだ。同大学で新しく開発された風味豊かな品種ゼスターとハニークリスプの交配種で、さらにシャキシャキ感が増している。スウィータンゴはその両親と同じようにジューシーでシャキシャキの食感が長持ちする特徴もある。平均より大きな細胞を強力な「接着剤」で結びつけているため、圧力がかかっても細胞同士が剥がれにくい。[18]完熟したスウィータンゴにかぶりつくと歯で大きな細胞が破裂し、大量の果汁が口いっぱいに広がる。このときパキパキという音がするのだが、ニューヨーカー誌のジョン・シーブルックによればこの音は「音響学的な体験で……口で音を聴く、つまり音楽を味わうようなものだ」[19]。この破裂音を「板を真っ二つ割る空手チョップ」にたとえるライターもいる。[20]リンゴの歯ごたえのある食感は非常に重要なため、２０１１年にはこの食感を非常に正確に測定できるハイテク・ツール、硬度計（ペネトロメーター）が開発された。[21]以前ならば専門家委員会でブラインドテストが実施され、多くの品種のリンゴを次々に味見しては味覚や食感を記録し、しだいに疲れて感覚が鈍るのが困りものだったりしたのだが、新しい硬度計は大きさや色は評価できないものの、食べ疲れを起こすことなく数値化された結果を出し続けてくれる。

●リンゴの芯の本質

リンゴの種子は発芽するまでは、果肉に包まれたままでなく、裸の種の状態であったほうがよい――アメリカ西部にリンゴ果樹園を開拓したことで知られるジョン・チャップマン（１７７４〜１８４５）、通称ジョニー・アップルシードはこのことを実践を通して学んだのだろう。詩人や作詩・作曲家そして小説家もアップルシードをほめたたえるが、彼のリンゴの栽培方法を取りあげた作品は少ない。例外だったのが19世紀後半に人気のあった子供向けの詩「アップルシード・ジョン」で、当時人気のあった作家リディア・マリア・チャイルドによる作品だ。この詩にはアップルシードがリンゴの苗を植えたと思われる方法が描写されている。出版年ははっきりしないが、チャイルドが他界した年にはすでにこの詩はよく知られていて、この詩のせいで多くの子供が庭園の小道で迷子になっていたかもしれない。

アップルシードは農場で働いては熟したリンゴをもらい、
ひとつずつ丁寧に芯を切り出した。
リンゴの芯で袋がいっぱいになるとアップルシードは姿を消した。
長い間誰も彼の姿を見なかった……
アップルシードはゆく先々で先の尖った杖で深い穴をあけては、
リンゴの芯を入れた。
しっかり土で覆えば、それでおしまい。
その上を太陽が照らし、雨が降り、風が吹く……[22]

リンゴの芯を植えるという行為はチャイルドの「もったいない精神」にも響いたはずだ。彼女はベストセラーとなった『アメリカの質素な主婦の家事仕事 *American Frugal Housewife*』（1829年）を著し、チャップマンと同じように、当時増えつつあった中流階級の物質主義の拡大に背を向けた。[23]チャイルド本人は知らなかったからだろうが、彼女の詩はリンゴの種子を芯から分離するという繁殖に必要な基本条件には則っていない。この誤解は現在でも残っている。たとえば車窓からリンゴの芯を投げたとき、それはゴミを捨てているのではなく、新しいリンゴの木を植えていると考えれば罪悪感も遠のくのかもしれない。しかし安心する前に植物学を学んでみよう。リンゴの可食部は実は花托（花を支えている部分）が膨らんだもので、正確には子房《しぼう》が成長した果実ではない。リンゴの場合、子房は「芯」（胎座《たいざ》）に変化し、この硬い組織で種子を包みこんでいる。リンゴの芯は人間の胎盤と似ているが、リンゴの芯には発芽を阻害する物質が含まれている。[24] つまりリンゴの種は芯から離れたときが発芽の絶好のチャンスとなるのである。おそらくチャップマンもそれが必要であることは知っていたはずだ。チャップマンはリンゴの芯から種を集めたのではなかった。リンゴ酒製造所から出る搾りかすにはたくさん種子が含まれていて、安価で最も手に入れやすかった。チャップマンはこの搾りかすからリンゴの種子を採取していた。このつましい方法でリンゴを国中に広めたのだ。ただで手に入る搾りかす（英語では「ポマース」pomace。その語源はラテン語でリンゴを意味する「ポムム」pomum）はべたべたするが、それをいとわなければリンゴの種子を集めたい者にとって無尽蔵の供給源となった。種子は圧縮された搾りかすに包まれているので、チャップマンが皮袋に入れて馬で運んだり、搾りかすの山をシャベルで丸木舟に放り込み国境沿いの川で輸送する間も、種子は適度な湿気が保たれた。種子にくっついている搾りかすは種を植えた後に肥料にもなった。リンゴの芯をひとつひとつ植えていたのでは何千ヘクタールもの土地にリンゴを植え付けることはできなかっただろう。

リンゴの種子にはシアン化合物が含まれている。もちろん2、3個食べただけなら死ぬことはない。実はこの有毒物質がリンゴには役に立っている。この物質の苦味のおかげで種子を食べた人は必ず種をペッペと吐き出すし、シアン化合物は苗の成長に関しても重要な化学的作用がある。この

風で雪の上に落ちたリンゴを食べるノハラツグミ（ツグミの仲間）。ほとんどの野生動物がリンゴを食べる。

化合物が他の酵素と結合することで、リンゴの木はさまざまな土壌や気候条件に適応できるのだ。[25] リンゴにとって幸運なのは、動物たちは人間ほど丁寧にリンゴを食べないことだ。リンゴが育つ地域なら、どこでもたいていリンゴを食べる野生動物が生息する。クマやシカ、七面鳥、ビーバー、ウサギ、アライグマ、リス、スカンクなどの多くの動物たちだ。[26] たいていの動物はリンゴの芯と種も一緒によく食べる。あなたがドライブ中にリンゴを食べ、芯を窓から捨てれば、その後動物がやってきて芯を食べ、最終的に種子は無傷のまま栄養豊富な糞《ふん》の山に収まることになる。種子には硬い被覆があるので動物の消化管内の胃酸も問題ない。糞虫《ふんちゅう》も糞の山にトンネルを掘り、種を地中に埋める過程に一役買っている。先史時代にはクマや野生のウマが、大きくて甘いリンゴの生息地を拡大させるのに特に重要な役割を果たしていた。小さいリンゴがクマの糞の中にそのままの形で発見されることから、クマはリンゴを種ごと丸呑みしていたことがわかる。大昔から、大きくて甘いリンゴほどクマやウマが好んでかぶりつき、最終的に原生林から文明社会へもたらされたのである。[27]

「何事にも時があり　天の下の出来事にはすべて定められた時がある」と聖書は教えているが（「コヘレトの言葉」3章1節）、リンゴには「定められた時」がいくつもある。品種が違えば熟す時期も異なる。初夏に熟すものもあれば、真夏、秋に熟すものもあり、そのことがリンゴの分布域拡大に役立っている。適切な条件が整えば、リンゴの種子はほとんどどこでも発芽し成長する。これこそヘンリー・ソローが崇高な特徴ととらえた形質だ。「ぼくたちが尊重し、食用にする果実の大部分は、完全にぼくたちの生育の成果である。トウモロコシ、穀類、馬鈴薯、桃、メロンなどは、ぼくたちが植えなければならない。しかし、リンゴは人間の独立と冒険心に匹敵するものをもっている」[28]。その適応能力と遺伝的個体性はリンゴという植物の多様性にとって非常に有利に働く。しかしこれは、リンゴ農家にとってはどんなリンゴになるか予想がつかないという大きな不都合をも生む。大きくて甘いリンゴのなる木の子孫が小さくて苦味のあるリンゴをつければ、リンゴ農家は長年の努力と予定していた売り上げを失うことになる。このリスクをなくし一定の品質を保つには、何千年も実践されてきた栽培技術を利用することが必要だ。接ぎ木である。

●接ぎ木という無性繁殖

接ぎ木栽培なら、受粉してリンゴの実がなっても、実生から栽培したときのように予想もできない結果になる心配がない。この技術は農家が増やしたいと思う特徴を備えたリンゴの木を二種類選び、それらをつなぎ合わせるだけだ。一方は根のついた「台木《だいぎ》」にし、他方は別の品種から取った葉芽《はめ》の開いていない枝で「接《つ》ぎ穂《ほ》」という。台木の幹に切り込みを入れ、そこに接ぎ穂をさして少量のワックスを塗布する。接ぎ穂が樹皮と木部の間にある形成層という組織に接合すると、道管がつながり接ぎ穂が新しい木として成長し始め、接ぎ穂を取ったリンゴの木とまったく同じ風味、色、大きさのリンゴができる。スモモやモモの木は互いに台木として利用できるが、リンゴが好むのはリンゴの木で、台木に使うのはリンゴの木だけだ。[29]

古くから続くリンゴ農家や園芸家は、冬に休眠芽のついた接ぎ穂を集め、ビニール袋に入れて冷蔵庫に保存する。さらに先の未来のために遺伝的に多様な接ぎ穂を保管する農業研究所では、マイナス184度の液体窒素の中で接ぎ穂を保存している。[30]

ソローは19世紀のニューイングランドで接ぎ木の果樹園が増えていることに不満を漏らしていたが、実は古代文明でもさまざまな植物にこの接ぎ木の技術が応用されていた。接ぎ木栽培のそもそもの発想は、おそらく農耕社会に移行してから間もない頃が、たまたま隣り合う同種の植物同士の間で自然に接ぎ木状態になったのが観察され、試みられるようになったと思われる。中国では数千年前に接ぎ木を施したクワの木で上手にカイコを育てていた。3800年前の古代シリアではブドウの接ぎ木をしていたこと、2000年以上前のバビロニアでは果樹を繁殖させる方法として接ぎ木栽培が確立されていたことが考古学的証拠から明らかになっている。[31] 古代ローマ時代では接ぎ木果樹の広大な果樹園が開かれ、当時の園芸家の著作物にそのことがくわしく記されている。植物学者のバリー・E・ジュニパーとデイヴィッド・J・マッバレイによれば古代ローマの園芸技術は「洗練の極みという水準にまで達し」ていたので、

1900年代始め頃のニューヨーク州ブロックポートでのリンゴの収穫作業。100年前頃のアメリカのリンゴ園では背の高い木が一般的だったが、今では矮性のリンゴの木に代わっている。

接ぎ木や芽接ぎ、矮性《わいせい》台木［「矮性」とは植物の丈が低い性質のこと］などのくわしい栽培技術についてでさえ、『農業について *De Re Rustica*』の著者コルメッラや大プリニウスが今日の園芸家の教えを必要とすることはなかっただろう。[32]

◉小は大に勝る

今日のリンゴ園には、かつて美しい景観を見せていた、背が高く堂々としたリンゴの木が並ぶ風景はない。100年前、リンゴを収穫するためには7・6メートルから9メートルもあるリンゴの木によじ登らなければならなかった。現在のリンゴ園にあるのは矮性あるいは半矮性の木ばかりで、梯子が必要になることはめったにない。高さが3メートルを超えることはなく、1・5メートル以下のものもある。樹木は樹木でも灌木が言ったほうがよいほどで、根も浅くしか張らないので、実がついて枝が重くなってもまっすぐ立っていられるように支柱や棚で支えなければならないことが多い。それでも農家にとって新しい矮性種はたまらなく魅力的だ。古いリンゴの木の2倍の収量があり、しかも同じ面積に5倍から6倍以上の苗木を植えられるからだ。

「リンゴの木にどうしたいかを聞けたとしたら」――エゼキエル・グッドバンドによるとその答は、「1年おきに実をならせたい」だそうだ。[33] リンゴ農園では春の生育期が始まる前に剪定し、毎年収穫も続けている。グッドバンドもヴァーモント州の自分のリンゴ園では5000本のリンゴの木の剪定を11月に始める。リンゴの木を剪定するとその生存本能が呼び覚まされ、エネルギーを果実の生産に集中させるようになる。枝を失い生存の脅威にさらされたリンゴの木は、種子の拡散でこの脅威に対応しようとし、小さな実をたくさんつけるのである。そこでリンゴ農園主はこの小さな実を摘果《てきか》する［多くつきすぎた実を間引く］ことで大きいリンゴがなるようにする。もっともリンゴ園によっては、剪定してリンゴの木を高くし、細い紡錘《ぼうすい》状に仕立てる場合もある。果実が陽光を多く浴びるようにして、むらなく真っ赤なリンゴにするためだ。

木を小さくすることで剪定や摘果、収穫が楽になる——この技術は現在では多くのリンゴ農園で利用されているが、決して新しい技術ではない。現在の矮性リンゴの祖先は約２３００年前、アリストテレスの有名なふたりの弟子、アレクサンドロス（アレキサンダー大王）とテオプラストスが発見・観察したものだ。アレクサンドロスはアジアへの遠征途上、丈の低いリンゴの木を見つけ、アリストテレスがアテネに開いた学園「リュケイオン」に送った。テオプラストスは自らの植物誌に、「小アジア（アナトリア半島）で長年にわたり栽培されてきた品種だろう」と記載している。その後数百年にわたり、ギリシャやローマ、各地の修道院の庭園や宮殿のパルテール（花壇）そしてヨーロッパ中の大農場でこの背丈の低い品種が栽培された。15世紀には、こうした小型のリンゴは「パラダイス・アップル」と呼ばれるようになった。２００年後、ジョン・パーキンソンの植物誌『日のあたる庭園、地上の楽園 *Paradisi in Sole Paradisus terrestris*』（１６２９年）の表紙にはアダムが小さなリンゴの木から枝を取るようすが描かれた。この図版には休眠芽ではなく完全に展開した葉をつけた枝が描かれている。実際の接ぎ穂づくりの方法とかなり違うやり方が描かれているが、これはパーキンソンが自分好みの栽培方法を示したかったことの表れだろう。[34]

◉リスクの高い商売

「消えてゆくより燃え尽きたほうがいい」と歌うのはニール・ヤングの名曲「マイ・マイ、ヘイ・ヘイ（アウト・オブ・ザ・ブルー）」（１９７９年）だ。矮性のリンゴは短期間に集中的に果実をならせたのち、燃え尽きる。種子からリンゴの木を育てるのには根気がいるが、そうした実生の木はそれを植えた人間よりもずっと長く生き、寿命は２００～３００年にもなる。一方、接ぎ木による矮性や半矮性の木はそうでない木より定植後かなり早く実をつけるようになるが、小さい木ほど寿命は短くなる。確かに接ぎ木なら安定して予測通りの収穫が得られるわけだが、大規模な商業的果樹園は想定外のリスクに悩まされることにもなる。問題は接ぎ木がＳＦ小説にもよく出てくるクローン（無性生殖）であることで、実生（有性生殖）のように多様な子孫を残せないことが致命的な欠陥となる。クローンは実生から栽培した木より病気に弱く、虚弱なのだ。

19世紀になって矮性台木の利用が増加すると、接ぎ木は病原体を拡散させるウィルスに対して特に脆弱なことがはっきりした。20世紀初め、イングランドのイースト・モーリング試験場で治療法が開発されることになった。その方法は組織培養を進化させたもので、丈夫な台木を生み出すことに成功した。この処方は非常にうまくいき、今も世界中のリンゴの木の約80パーセントはイースト・モーリング試験場由来の台木に接ぎ木されている。[35] それでもクローンである接ぎ木は、新しい世代になるたびに脅威にさらされることになる。リンゴの木は生育期間中、昆虫や菌類、ウィルスから猛攻撃を受ける。シンクイムシやエダシャクトリ、ゾウムシ、ダニ、アブラムシなど、貪欲な害虫

剪定されたリンゴの木（マッキントッシュ）。ニューヨーク州ミラートン。2013年。

を含む５００種以上の昆虫によって、木のエネルギー供給源である葉が蝕まれる。リンゴ１個をならすには50枚の葉で生産されるエネルギーが必要なので、リンゴを収穫するためには１枚の葉たりとも無駄にできない。目に見えない微生物からも大きなダメージを受ける。黒星病や火傷病、うどんこ病などの壊滅的な被害を与える病気がリンゴの木を襲う。サタンによって病苦にさらされながらも神への忠誠を保ったのは旧約聖書のヨブだが、無邪気なリンゴの木はまさに植物界のヨブといっていいのかもしれない。

リンゴの長い歴史のなかでこうした多くの脅威が抑え込まれてきたのは、野生リンゴの時代から自然選択を介して強く抵抗性のある実生が生まれてきたからだ。しかし大規模な商業的果樹栽培が発達すると、本来は回復力がある野生の台木も相対的に弱体化してきた。まず、大きな果樹園で栽培されること自体が不都合の第一歩だ。リンゴの木を何列も並べて植えるのは昔から続く便利な方法ではあるが、リンゴの木にとっては不自然でリスクが高い環境だ。密植された大規模果樹園は、インフルエンザ流行期に鮨詰め状態になっている教室のようなもので、あらゆる害虫が木から木へと容易に飛び移ってくる。商業栽培が拡大した19世紀のリンゴ園は、まだ殺虫剤や殺菌剤の利用が普及せず、害虫の襲来にはほぼ打つ手がなかった。20世紀初めに植物学者S・A・ビーチが解説しているように、当時アメリカ最大のリンゴ生産地となっていたニューヨーク州のリンゴ産業も、ほぼ壊滅状態となった。

あれこれの困難に見舞われた果樹園主のなかには、1880年から1890年の10年間の状況に落胆し、ついにはリンゴの木を伐採し始める者もあった。[36]

こうした状況は、農薬の普及によってそれから間もなく救済されることになる。1905年には「今やリンゴ栽培産業は歴史上のどの時代よりも安定し、満足のいく状態にある」とビーチは誇らしげに報告している。[37] だがビーチには予見できなかったが、この新しい栽培法にはもっと重大な危険性が潜んでいた。農薬によって果樹園をさらに大規模にすることが可能にはなったのだが、商業的に生産されるリンゴのほとんどは、市場のスーパースターとなるにふさわしい外見と風味を備えたほんのひと握りの品種のクローンだ。クローンはその親と同じように甘く美しいが、同じ品種から何度も繰り返し接ぎ木されるため、遺伝子プールは劇的に減少し、害虫や病気に対するリンゴの抵抗力は弱まってしまう。

接ぎ木という手法そのものに問題はない。実際、農園の大小に関わらず苗木を増やすために誰が利用している技術だ。伝統的な果樹栽培法が一般的なときは接ぎ木を利用して遺伝的多様性を増やしていたのだが、大規模生産の時代になると、常に同じ底の浅いリンゴの遺伝子プールに依存するようになった。現在、セイヨウリンゴ（学名 *Malus domestica*）は世界中で9000の栽培品種がある。ずいぶん多いと思われるかもしれないが、かつて栽培されていた数とくらべればわずかなものだ。19世紀後半には、アメリカだけで1万6000の品種が栽培されていた。現在ではこの数字が約3000になっている。ところがこの数字だけでは大きな誤解を生んでしまう。というのは、アメリカ国内で販売されている全リンゴの90パーセントがわずか10種ほどの品種で占められているからで、しかもその約半数がレッドデリシャスだ[38]。あまり知られていない多くの品種があり、中には伝統的な実生や接ぎ木によるものもある。苗木目録で注文すれば手に入れることも可能なのだが、スーパーマーケットで買えるのは限られた品種にすぎない。グローバル市場の競争につねにさらされているリンゴ業界は、一番よく売れる交雑種に依存し続けているからである。

1980年代の絶頂期とくらべるとレッドデリシャスの市場シェアは低下し続けているが、リンゴ生産がアメリカ最大のワシントン州では依然として最もよく売れる品種であり、世界的にも依然として確固たる地位にある。ガラやふじといった新たなベストセラー品種が登場してきているが、そのほとんどはレッドデリシャスをはじめ長くリンゴの「貴族階級」に鎮座するゴールデンデリシャスやマッキントッシュ、ジョナサンなどとの近親交配による子孫だ。

他のリンゴ栽培国でも状況は変わらない。イギリスはかつて数千の農場で２５００種以上のリンゴを生産していた。それが現在ではリンゴの約70パーセントを輸入していて、そのほとんどは大量生産されている数種類の品種だ。その結果、イギリス国内のリンゴ農園数は数百件にまで激減するという大変な事態になっている。[39] イギリスとアメリカでは地元の伝統品種を復活させている小規模リンゴ農園が徐々に増えてきてはいるが、多くの農園では最もよく売れる品種をもっぱら生産している。農産物直売所に並んでいる地元産のゴールデンデリシャスやマッキントッシュ、ガラ、ふじなどの有名品種は、はるばる海外の生産者から輸送されてくるリンゴよりずっと新鮮だが、依然として品揃えは主に定番商品に限られる。

19世紀のアイルランドのジャガイモや20世紀初めのアメリカニレのように、現代のリンゴのモノカルチャーは、まだ検出されていない、あるいは検出できない新たな病原菌の餌食になる危険性が高まるなかで前進を続けてきた。全体的に見れば、商業的なリンゴの育種は耐病品種を作りだすことよりも、見た目や貯蔵性能の改善という点で大きな成功を収めてきたといえる。リンゴ栽培農家は頻発する害虫や病害には化学兵器である農薬を使って１００年以上も戦ってきた。そしてその間も害虫は進化を続け、最新の農薬への耐性に磨きをかけてきた。リンゴ黒星病に最もよく用いられる殺菌剤のなかには、この厄介な病害の原因であるきわめて破壊的な菌を防除する能力をすでに失っているものもある。[40] 病変部にひびが入ると、そこから昆虫や菌類や細菌が果実に侵入し、まったく収穫できなくなることもある。そこでさらに強力な殺菌剤で頻繁に防除することとなり、費用もかさむようになっていく。

研究者は品種の異なるリンゴから特定の遺伝子を導入したり、他の植物や昆虫、動物の遺伝子をリンゴに組み込むなど、遺伝子操作技術を駆使することでリンゴが黒星病などの病気に打ち勝てるようにしてきた。しかし一般市民の間では、遺伝子操作に対して大きな反感をいだかないまでも、特に異なる種間の遺伝子操作に関しては、合理的観点からにせよ誤解からにせよ、懐疑的だ。今日ではほとんどの栽培農家が、不本意ではあってもかつてない規模で化学戦争を戦わざるを得なくなっている。オーガニックで生態学的な防除への取り組みは、化学農薬の集中砲火戦にくらべれば微々たるものにすぎない。世界の多くの地域で田園地帯や森林が道路や住宅、商業ビルに変貌し続けるなかで、絶滅が危惧される品種の子孫である古いリンゴの木も失われつつある。カザフスタンの広大な古代リンゴの森も例外ではない。リンゴの未来を守るため、研究者や栽培者たちはリンゴの起源にまでさかのぼり、その本来の強靭さを取り戻す方法を探っている。

第3章　甘さの果てに

リンゴは歴史上の多くの時代のさまざまな文化で見られるため、いつ、どこでリンゴが食べられるようになったのかははっきりしない。ヘンリー・ソローが述べているように「りんごの歴史と人間の歴史のあいだの密接な関係は驚嘆に値する」[1]（ヘンリー・デイヴィッド・ソロー「野生りんご」〔前掲『アメリカ古典文庫4』より引用〕）。野生リンゴ（wild crab apples）は多くの温帯地域に固有の品種が存在する。それらの炭化化石はほとんどがマルス・シルウェストリス（*Malus sylvestris*）で、ヨーロッパじゅうの新石器時代や青銅器時代の遺跡で発見されている。[2] 一方で、甘い栽培品種のセイヨウリンゴ（学名 *M. domestica*）については故郷を突き止めることができた。セイヨウリンゴの進化の旅路は、化石植物に基づく諸説によれば、はるか昔に初期の顕花植物であるバラ科の原始的な低木が北アメリカ大陸からベーリング陸橋を渡り現在の中国中央部へ移動したルートとされている。[3] ユーラシア陸塊が分裂してベーリング陸橋が水没し、大陸が分離すると、歴史的なバラ科の低木とその苦い果実は新たな繁殖地に導かれた。鳥たちの排泄物にまじったり嘴《くちばし》にくわえられたり、

17世紀の中国の木版に描かれたリンゴ（作者不詳）。今日のリンゴの起源は数百万年前のアジアの山岳地帯だ。

あるいはただ足や羽根にくっついただけで運ばれたりして、その種子は広範に拡散した。中国中央部山地の斜面や山麓にたまたま種子が落ちると、そこは生存と成長にはもってこいの最適な環境だった。のちに天山山脈と呼ばれ、一部は現在のカザフスタンに含まれることの一帯は、植物と動物の自然の避難所となっていた。ヨーロッパの西部から中央部が氷河に覆われていた頃、天山山脈は厳しい氷の世界から免れていたのだ。一帯の森林や植生は雪を被った山頂から流れ下る豊富な水によって支えられていた。バラ科の低木は、この山岳地帯の斜面で、そしてクレヴァスの中で生育し、リンゴの木へと進化したのである。

スキーリゾートやダーチャ［家庭菜園がついた別荘］がカザフスタンの広大な森林を蝕む今日でも、この地域を訪れれば、現代の大規模な商業的果樹園を見慣れた者でさえ、その広大さと樹木の多様さに驚かされる。1990年代後半、フランク・ブラウニングはケンタッキー州の自分の果樹園から、カザフスタンの森林へと旅に出た。ブラウニングが見たのは「ヨーロッパやアメリカを旅してきた者にとっては想像を超える多様な野生の果樹で……人間の手が入っていない原生庭園へと時間をさかのぼる旅のようだった」[4]。カザフスタンの森にあるのはただのリンゴの木ではない。近年この森を訪れた者によれば、「リンゴの森はどの木も樹齢300年以上、高さ15メートル以上はありそうで、幹周りもオークの木のように太く、近年の栽培品種くらい赤く大きい実をつけているものもあった」[5]。天山山脈では甘いリンゴをならせている木が多いが、ひとつひとつを見ると果実や花、成長の習性、枝ぶりは少しずつ異なっている。[6] 人類が手を加える前のこの森がどれほど広大で、どれほど多くの種類のリンゴがあったかは、今となっては想像するしかない。

長年、植物学者はセイヨウリンゴ（学名 *M. domestica*）の祖先はヨーロッパの野生リンゴ、マルス・シルウェストリス（学名 *M. sylvestris*）と考えてきた。ところが遺伝子解析によってそうではないことが判明した。本当の祖先は現在も天山山脈の森林に生息するマルス・シエウェルシ（学名 *M. sieversii*）だったのだ。ドイツ人植物学者でロシアで活動したヨハン・ジーファースが1793年に発見したものだが、大きさや風味、形状、色そして食感に驚くほど変異性があり、その特徴には無数の組み合わせが存在する。今日の甘いリンゴの種子の遺伝子にも、そうした特徴が備わっている。

ジーファースは自ら発見したリンゴが当時の栽培品種の起源にあたることを突き止める前に他界したが、20世になるとこの関係は解明された。

マルス・シエウェルシ（*M. sieversii*）は生まれ故郷のカザフスタンの森から遠く離れた世界中の果樹園までどうやって移動したのだろうか。まず最初に感謝しなくてはいけないのは、天山山脈のクマやウマたちだ。こうした動物がリンゴの実を食べては、牧草や植物を求めて移動する経路沿いに種子を拡散してくれた。そしてこの経路がシルクロードの一部となり、中国とヨーロッパを結ぶ伝説的な交易ルートとして、紀元前120年頃から中世の初期まで貿易商が利用することになった。ラクダやウマを使った商隊が行き来したシルクロードは、一本の道ではなく道路のネットワークだ。中国側からは中国西部の砂漠地帯を越え、今日のカザフスタンやキルギスタンの山脈地帯を抜け、中央アジアの草原地帯を超えてカスピ海、さらにその先へと続いていた。

天山山脈を西へ東へと通り抜けた貿易商たちはたいてい一番大きいリンゴを好んだ。商隊のウマは人間が捨てたリンゴの芯や落ちたリンゴを食べたり、強力な蹄《ひづめ》で土へめり込ませたりした。ラクダもシルクロードを旅したが、リンゴやその他の果実の拡散にはほとんど貢献しなかった。というのもラクダの場合はウマやクマとは違ってほぼ完全に咀嚼して反芻を繰り返すため、小さな種でもラクダの腸を無傷で通過するのは、聖書の言いまわしを借りれば、ラクダが針の穴を通り抜けるより難しいからだった。[7]

中国の人々がシルクロードをたどり始めるようになった頃、中国の首都は内陸の長安にあったが、14世紀から15世紀にかけて海運が発達すると、中国の政治的中心地は北京や沿岸地域へと移動した。

天山山脈は現在の中国北西部の国境地帯に位置するが、中国東部の発展した地域にリンゴが拡散するには隣接するゴビ砂漠が大きな障壁となった。しかしゴビ砂漠より東側では多くの果物が手に入ったため、リンゴの栽培にはあまり関心が向かなかった。[8] 中国北西部の未開地域については東方にある王朝の監督がほとんど行き届かなかったこともあって、天山山脈原産の果物は自ずと西へ移動することになった。

人間によるリンゴの採集と栽培の歴史は数千年におよぶ。その間に食習慣は野生リンゴから甘いリンゴへと次第に変化していった。シュメールのプアビ女王の墓（およそ紀元前2600年頃）で乾燥したリンゴが発見されたことは、リンゴに大きな価値があった証である。紀元前3000～2000年頃の近東では、リンゴは食材だけでなく薬、媚薬としても用いられた。[9] キュロス2世（紀元前580～529頃）の時代になるまでには、アケメネス朝ペルシャの各地には壁で仕切った庭園が造られ、そのなかで甘いリンゴが丁寧に栽培されていた。この頃のペルシャは今日の中東地域だけでなく、北はコーカサスから、甘いリンゴが野生で生育する中央アジアまで広がっていた。

甘いリンゴの分布は、人間社会が戦争と平和、殺戮と混血を繰り返し、ヨーロッパが衝突と併合を経験するなかで広がった。紀元前334年にアレクサンドロス大王がペルシャを征服すると、甘いリンゴとともに熟練のペルシャ人庭師を連れ帰り、ギリシャ人にリンゴの栽培法を教えさせた。リンゴはごく普通の果物となり、アレクサンドロス艦隊の乗組員は模擬海戦で飛び道具がわりにリンゴを使ったほどだった。このときのリンゴは栽培種のリンゴではなく野生リンゴだった可能性もあるが、投射物にするくらいなので小粒の野生リンゴより大きかったはずだ。[10] ただし野生リンゴは

リンゴをもつアフロディーテー。大理石の小像。2世紀のローマ。古代ローマでリンゴの栽培技術が完成されると、ローマ神話にもリンゴが根付いた。

酸っぱいにしても、特に貧困層にとっては重要な食料源であることには変わりはなかったので、このときリンゴは栽培品種を食べる人たちと野生品種を採集する人々の間の階級差を示すものになっていたとも言えるだろう。アレクサンドロスがペルシャに勝利して間もなく、ギリシャの詩人アルケストラトスは『贅沢な生活 *Hedypatheia*』（紀元前330年頃）を著し、地中海地方の美食の調理法を詩の形式で解説した。だがアルケストラトスはリンゴについては記載していない。貧乏人だけが口にする安物だ、と上流気取りでリンゴを退けたのだった。[11] アルケストラトスがそのように述べたのはおそらく苦い野生リンゴのことだ。リンゴはのちにローマの豊かな食卓に欠かせないものとなっている。

古代ローマの人々が果樹園やブドウ畑、オリーブ畑で接ぎ木の技術を完成させると、栽培品種のリンゴは高級果実となり、豪華な祝宴を甘美に彩るクライマックスに供されるようになった。リンゴは、大きな屋敷の広大な果樹園の木の下で味わうことも多かったが、室内の装飾としても高く評価された。西暦79年の火山噴火で時間が止まったポンペイでは、住宅の壁画やモザイクにリンゴが目立って描かれていた。ガラス製のボールにあふれるように果物を盛った絵柄であったり、キューピッドにふわりとまとわせた花輪の中にリンゴを描いたものだったりした。[12] ローマ帝国は西ヨーロッパとグレートブリテン島に侵攻すると、リンゴの果樹園を新たに開いた。おそらく侵略先で生育する野生リンゴがおいしくなかったのだろう。一方でケルトの人々はローマ人が来る以前から栽培実生あるいは偶発実生の甘いリンゴを食べていたようだ。ケルト語の地名のついた土地、特にフランスのブルゴーニュのアヴァロン（Avallon）やピカルディのアヴルイ（Aveluy）で、この大切にされていた稀少な甘いリンゴが栽培されていた可能性はあるだろう。[13] だがローマ帝国が滅亡すると、彼らが持ちこんだ甘い栽培品種のリンゴの木は野生実生と交配するようになり、その後何世代ものの間、リンゴは苦い果実となった。

西洋では接ぎ木を使った古くからの果樹園の多くが新しい野生リンゴに追いやられてしまう一方で、東洋の果樹園では慎重な手入れが続けられていた。かつてのペルシャ帝国では、7世紀から8世紀にイスラム教徒に征服されたあとも、リンゴの栽培技術が衰退することはなかった。古代ローマ没落後の侵略者とは違い、イスラム教徒は学問と園芸、そして果実栽培を重んじていた。彼らは古い果樹園の手入れをし、スペインでは新たな果樹園を開いた。古代ギリシャと古代ローマの園芸の教科書を翻訳しては自らの知識と合わせて改訂し、将来のために古代の栽培技術を大切にした。カール大帝(742~814)はムーア人時代のスペインに十字軍で遠征したときにイスラムの果樹園にあったリンゴを目にし、実際に味わっていたかもしれない。カール大帝は神聖ローマ帝国皇帝として君臨する間、フランスと現在のドイツの大部分、オーストリア、そしてイタリアの大部分を支配した。西暦800年、カール大帝は御料地令(Capitulare de villis)を制定し、各地で食料や薬草を供給できるように、植栽すべき草本や樹木を示した。それには食料や飲料、保存食として甘いリンゴや酸っぱいリンゴなど実に多くの種類のリンゴが記載されていた。[14]

●信仰とリンゴ

1066年にノルマン人はイングランドを征服し、フランス人が熱狂するシードル(リンゴ酒)

アダムとエバそしてリンゴが描かれたイギリス製記念プレート（1635年）。

をイングランドの食卓に徐々に浸透させせると、それ以降イングランドでもリンゴ栽培が盛んになった。11世紀は西洋の商人や巡礼者そして学者がイスラム世界へ向かい始めた時代でもあった。交易や宗教への熱意、またアラブ人のすぐれた園芸と医療に魅せられ、彼らはイスラム世界から知識とめずらしいもの、特に球根や果樹など新品種の植物を持ち帰った。こうしてイスラム世界から西洋に多くの園芸がもたらされるなかで、甘いリンゴの木もヨーロッパの修道院や宮殿で栽培されるようになり、古代ローマ帝国没落以来ようやく西洋世界へ帰還することとなった。12世紀にヨーロッパ中にリンゴ栽培を復活させるうえで大きな力となったのがシトー修道会の修道士だった。肉体労働と自給自足を重んじるベネディクト修道会から派生した修道会だ。修道士たちはスコットランド、ドイツ、スウェーデン、ポルトガルそして地中海東部へと修道院をつくりながら、各地の農園に次々とリンゴの接ぎ木を分けてまわり、リンゴ栽培を普及させた。[15]

リンゴは食と文化の重要な要素となり、16世紀になってプロテスタンティズムが拡大すると、ふたたび宗教の拡大に乗ってリンゴの評価は高まった。ジョアン・モーガンとアリソン・リチャーズは『リンゴの本 *The Book of Apples*』（1993年）で、「気候が適してさえいれば、プロテスタンティズムが根付いた土地には必ず果樹園ができた」と述べ、「プロテスタントの感覚に最も訴えた果樹がリンゴだった」と指摘した。[16]リンゴのためにアダムとエバは楽園から追放されたが、聖書を拠りどころとするプロテスタントはこの人間の堕落を勤勉と自制によって修復しようとした。こうしたプロテスタントの勤勉さを何より引きつけた果実がリンゴだったのだ。栽培が容易でさまざまに調理ができ、素朴で栄養があり元気も出る。地中海の果実ほど豪華ではないが、金持ちにも貧乏人にも欠かせない食材だった。幸運だったのは、プロテスタンティズムが根付いた土地、ヨーロッパ北部や東部、そしてカトリック勢力による激しい巻き返しから逃れた地、新世界の植民地も、リンゴ栽培に最適だったことだ。1597年にイングランドの理髪師で外科医のジョン・ジェラードが最初の本草誌を出版した頃にはすでにリンゴの品種は非常に多くなっており、ジェラードはそれらをすべて区別することは彼自身も含め誰にもできないと感じるほどだった。

リンゴとその利用に関する専門書を書こうとする者がいたというが、やってみたところで結局、分類しようとして数種類手にとっただけでお手あげだった。こう指摘しておくだけで、この植

リンゴを手にもつアフリカ女性像。ダービー磁器製（1770年代）。イギリス家庭の贅沢な生活の象徴で、リンゴのデザートにエキゾチック感を添えた。

物誌には十分だろう。[17]

17世紀までには人々の自己主張の一環としてリンゴが庭造りや室内装飾にも取り入れられるようになった。荘園領主の凝った庭園ではレイズドベッド式のパルテールガーデンに矮性品種のリンゴが芸術的に植栽されて幾何学模様を描き出し、また垣根状のエスパリエやアーチにも仕立てられた。これらの大邸宅ではポンペイの壁画やモザイクに見られたように、室内にも木彫りを施した木造部分や漆喰の天井の装飾にリンゴの意匠が施された。[18]

ヨーロッパとイングランドの植民地開拓者にとってリンゴは大切なものであり、それがない生活など到底考えられなかったため、彼らはお気に入りのリンゴの種子と穂木を携えて新世界へと旅立った。リンゴは数百万年前にその原始的な祖先が北アメリカを旅立ち、中央アジアの山脈へたどりついてから甘いリンゴとなり、栽培用の苗木として故郷である新大陸へと帰還したことになる。植民地開拓者と探検家はさらに遠い大陸へもリンゴを携えて進んだ。スペインとポルトガルが南アメリカへ持ち込んだリンゴは元気よく繁殖し、チャールズ・ダーウィンが1835年にチリに上陸したときには、海岸沿いに延々とリンゴの木が茂っていたという。1654年、オランダ東インド会社のケープタウン中継基地司令官は南アフリカにリンゴを導入した。そしてかつてカール大帝が行ったように、また時代を下ってアメリカの土地所有者たちも行うことになるように、果樹栽培を入植の条件とした。1890年代には大英帝国拡大主義者のセシル・ローズが南アフリカで破産したブドウ農園を買い受け、リンゴ果樹園に転換した。

ウィリアム・モリスのデザインによるリンゴの壁紙（1877年）。

当時のイギリス（グレートブリテン王国）の船長たちがオーストラリアへリンゴを持ち込んだのは1788年のことだった。その年にリンゴの木は根づき、同じ年にアーサー・フィリップ船長が現在のシドニー、ポート・ジャクソンに本国から送られてくる囚人の居留地を建設した。また悪名高いウィリアム・ブライ提督が艦船バウンティ号をタスマニア沖合に停泊させたのもこの年だった。バウンティ号に乗船していた植物学者がリンゴの実生3本とリンゴとヨウナシの種を植えたことからタスマニア島はリンゴの産地となり、のちに「アップルアイランド」と呼ばれるようになる。[19] こうしたかつての植民地政策が文字通りオーストラリアやニュージーランドでリンゴ産業が隆盛する種をまいたことになり、両国は現在北半球とは季節が逆転することをうまく利用し、北半球の冬季にアメリカやヨーロッパ、カナダの人々にリンゴを供給している。

冬のおいしいリンゴは現在もとても人気があるが、新鮮な果物が旬の時期のデザートとしてしか味わえなかった頃にはなおさら珍重された。「祖父母や曾祖父母世代の人々」にとって「一年中新鮮な果物を食べる贅沢はかなわず、冬に手に入るとすれば乾燥リンゴか土室《つちむろ》に貯蔵した箱の底に残ったリンゴだけだった」とリンゴ栽培家のエゼキエル・グッドバンドは回想している。[20] 一方、シーズン初物のリンゴが到着すると、その甘くて新鮮な夏の味わいによって、ようやく長い冬が終わったことを知る人々もいた。ヴィクトリア朝時代（1837〜1901）の裕福な土地所有者たちは、

ニュージーランド産リンゴのポスター。1920年代〜1930年代頃。

この「味わい深い朝のリンゴ Hoary Morning Apple」は19世紀のジョン・リンドリー著『アングルシー修道院のイギリス果物 *British Fruit at Anglesey Abbey*』に掲載された図版。庭造りと植物画に熱狂した時代に数多く出版されたリンゴなど果物の美しい図版を配した図録のひとつ。

温室と大勢の農園労働者を擁して一年を通してリンゴを味わっていたのである。

19世紀はイギリスとヨーロッパそしてアメリカでリンゴの生産が爆発的に伸びた時代で、新しい品種が出るたびに現在の映画やポピュラー・ミュージックのように絶賛され、もてはやされた。[21] 新品種の数は農業技術の改善に伴って増加し、それに鼓舞された園芸家はこの豊かな恵みの目録を編纂した。イギリスの植物学者ジョン・リンドリーが全3巻つまり3年にわたって刊行した雑誌『果樹園芸学 *Pomologial Magazine*』（1828〜1830）もガーデニングと植物画に熱狂した時代に出版されたリンゴなどの果実を扱った数多くの美しい図版目録のひとつで、詳細な記載に加え、銅版画の印刷後に手で彩色を施した図版が掲載されていた。

19世紀後半には、イギリスのリンゴ果樹園は上陸する輸入リンゴの増加をなんとか食い止めようとし、スコットランド人の苗木屋ロバート・ホッグはリンゴやクルミなどイギリスで栽培されているあらゆる果実の栽培者向け指導書を著した。1884年に他界するまで700種以上のリンゴについてきわめて詳細な記載を残し、今もイギリスの古いリンゴ品種に関する権威ある資料となっている。[22] 1905年にはアメリカ政府印刷局が、19世紀にアメリカの出版物に掲載された1万6000種のリンゴについてその学名を編纂した『リンゴの学名 *Nomenclature of the Apple*』を刊行している。

しかし20世紀後半になると、アグリビジネスの競争経済のもとで有名品種でさえ次々と淘汰され、店で買えるリンゴの品種はほんのひと握りにまで減少した。古くから定評のあったリンゴのほとんどが、もう名前を聞くこともなくなった。たとえば、かつてはリンゴの代名詞とさえ言われ、今の

土曜日の午後の大通り沿いでリンゴを売る。1939年ミシシッピ州レキシントン。

レオン・オーギュスタン・レルミット「プルダルメゾーブルターニュの市場」(1877年頃)。油彩、カンヴァス。ブルターニュの村人がリンゴや野菜を売るようす。

大人たちが育ち盛りに頬張ったボールドウィン。当時のニューイングランドやニューヨークで最も人気があり、当地最大の輸出品でもあったが、50年以上も前から青果店からもスーパーマーケットからも姿を消した。代わりに、今では売れ筋一番というだけで味が薄く甘いだけのレッドデリシャスが並んでいる。タルト用のリンゴとして由緒あるブラムリーズ・シードリングも見なくなったが、イギリスでだけは今も主要品種として流通している。ヨーロッパでも北フランスやスペインなど、リンゴ酒を生産している地域では、いまだにリンゴに適した地元産品種の需要がある。しかし世界中どこでも同じリンゴが並ぶグローバル市場では、こうしたリンゴが扱われることはない。

キャンディーアップルあるいはキャラメルアップルともいうタフィーアップル（リンゴ飴）は昔から人気のあるお菓子だ。アメリカのハロウィンではお馴染みで、メキシコやパレスチナのビーチ

タフィー・アップル売りのパピエマジェ（張り子）人形はメキシコの死者の日のお祭りで使われる。

ではリンゴ飴の売り子もいるほどだ。リンゴを甘い飴で包んでリンゴのパサパサ感を誤魔化している場合も多いが、スーパーマーケットで売っているようなリンゴのなかには、品種によっては砂糖で包まなくてもお菓子やキャンディーそのものと同じくらい甘くなったものもある。フードライターのマイケル・ポーランが言うように、甘いリンゴは天山山脈からの長い旅の最後に「ジャンクフードとの甘さの軍拡競争」に巻き込まれたのである。[23] しかし失われた過去の味覚が新感覚としてとらえられるようになり、大量生産の果物が逆に昔の味への渇望感を刺激し続けたことで、伝統的リンゴ品種の栽培復活とともに、この軍拡競争にも翳りが見えてきてた。

第4章　リンゴ酒歳時記

リンゴを食べる土地柄ならリンゴ酒も飲む。人類が知った最古のアルコール飲料のひとつだ。ビールやウイスキーの製造には、小麦やホップを収穫してから脱穀ともみすり、製粉さらに醱酵前に加熱という工程が必要になるが、リンゴの場合は実質的に何も手を加えることなく自然にリンゴ酒に変化する。リンゴを空気にさらしたまま放っておくと、リンゴそのものに含まれる糖分と天然酵母のおかげで即席アルコール飲料になるのだ。腐ったリンゴを大量に食べるとクマでも千鳥足になることが観察されている。そしてヘンリー・ソローもこの天然のリンゴ酒を味わった。

……少なくとも痛みなしに凍ったものがいったん暖かい日光によって溶かされると……芳醇で甘いリンゴ酒に満たされたことがわかる……それは瓶詰めのどんなリンゴ酒よりもおいしいのだ。どんなリンゴもこの状態ではおいしく、君の顎がりんご圧搾器の役目を果たす。[1]（ヘンリー・デイヴィッド・ソロー「野生リンゴ」［前掲『アメリカ古典文庫4』より引用］）

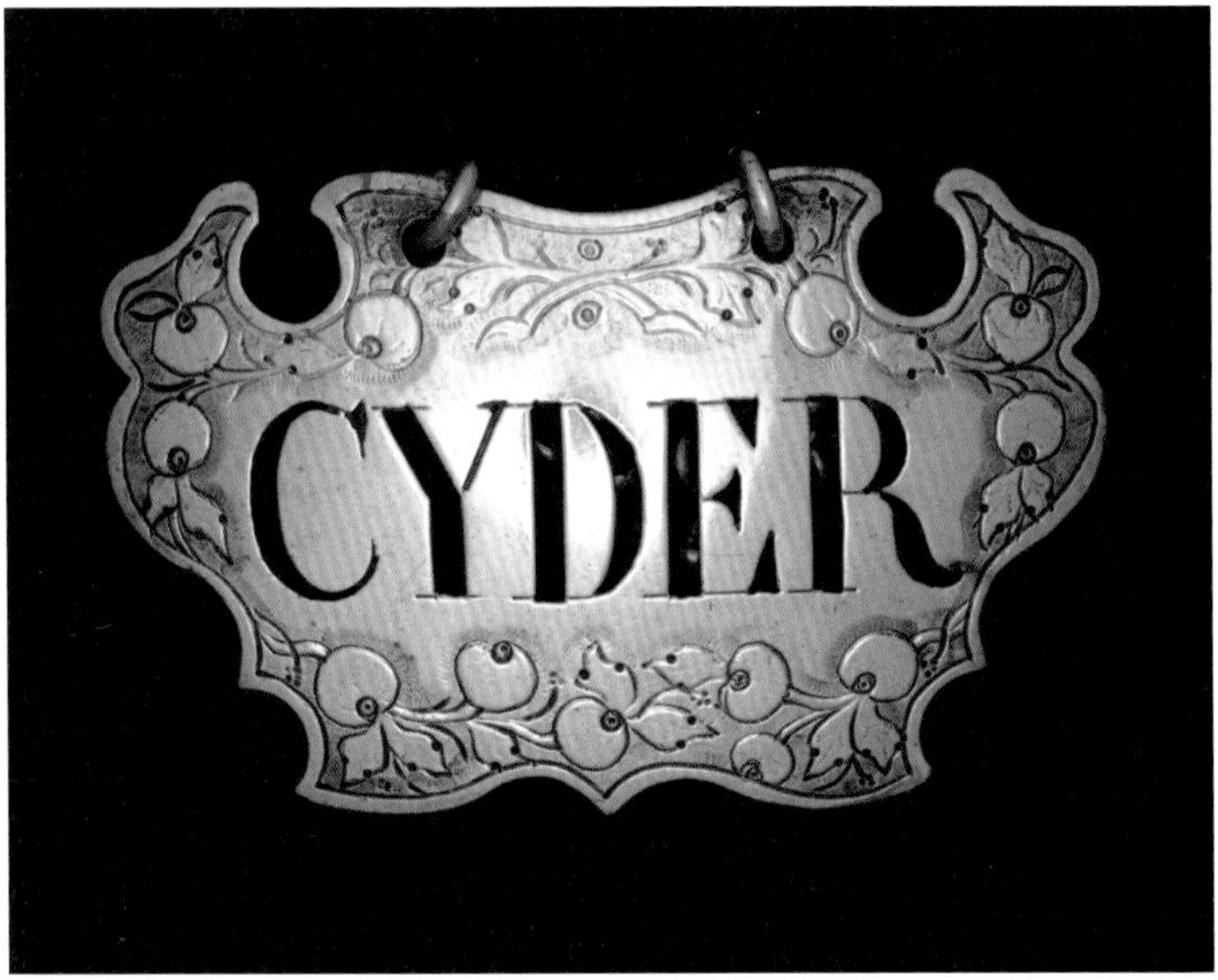

切り抜き文字が施された瓶詰めリンゴ酒の銀製エスカッション（1750年頃、ロンドン）。装飾的なデザインから瓶詰めリンゴ酒が当時高い評価を受けていたことがわかる。

ソローの時代にはアメリカでサイダーと言えば基本的にアルコール飲料のリンゴ酒を意味し、今も世界のリンゴ酒（シードル）の消費地ならどこでもたいていそうだ。ただし現在のアメリカではリンゴのアルコール飲料を「ハード・サイダー」と呼んでいて、醗酵させていないリンゴ飲料をサイダーあるいはスイート・サイダーと呼んで区別しており、これらノンアルコール飲料のほうがずっと幅広く利用されている。こうした変化も、ジェットコースターのように目まぐるしい変化をしたリンゴ酒の歴史のひとコマだ。

古代においても現代でも、アルコール飲料としての「サイダー」は絶賛されては罵倒され、ごく最近になってふたたび高く評価されてきている。古代ギリシャ時代や古代ローマ時代に開発されたリンゴ酒製造の

雪を被った野生リンゴ。ヘンリー・ソローは凍ったリンゴが間違いなく最高のリンゴ酒になると考えていた。

ための粉砕器や圧搾機は、他の多くの園芸技術とは異なり、中世の暗黒時代にあっても根絶することなく生き残ってきた。リンゴ酒はついには国民的飲料となり、支払いや物々交換にも利用され、ヨーロッパやアメリカではワインに代わるものとなった。

グレートブリテン島に「シードル」（リンゴ酒）を根付かせたのは征服者のノルマン人だったが、百年戦争（1337〜1453年）の間にフランスがイギリス向けワインの出荷を禁止すると、リンゴ酒はイギリスの「愛国的自給アルコール飲料」となった。[2] 16世紀の宗教改革の時代になると、カトリックのミサは堕落したととらえる清教徒《ピューリタン》が、ミサで使われるワインの原料となるブドウよりリンゴのほうが道徳的に好ましいとしてリンゴを賞賛する。オリヴァー・クロムウェルの清教徒政府は果樹園の開拓を強力に支持し、クロムウェルの右腕と

リンゴ酒の製造過程でリンゴを粉砕する（1928年、ノルマンディ）

なったサミュエル・ハートリブも他の農地改革者とともに「空いている土地はことごとくリンゴを植えるべきだ」と唱えた。[3] ハートリブは論文「果樹園拡大による楽園復権構想 A Design for Plentie, By an Universal Planting of Fruit-trees」（1652年）のなかで、リンゴは「貧困層を救済し、富裕層の利益となり、すべての人々に喜びを与える」と主張した。[4] これは、この論文の50年前にジョン・ジェラードが『本草誌 *Herball*』で述べていたことと完全に一致するものだった。ジェラードはイングランドのすべての土地所有階級ジェントリーに対し、ヘレフォードのある男の例にならうよう忠告している。その男の召使いは「リンゴで造った飲み物以外は飲まず」、男は教区牧師に10分の1税を「多くの樽詰のリンゴ酒」で支払っていた。[5]

> 接ぎ木をして固定し、その苗木を土地の隅々にまで植え付けて育てる。少ない労働で費用もかからず、生産量も大きい。土地所有者にも利益があり、救済を求める貧しい者も願いが叶い、神は良心を持ち勤勉な者に恩寵を与える。[6]

イングランドでも特にリンゴ栽培が盛んなヘレフォードシャー州などイングランド西部地域のジェントリーは、この助言を胸に刻んだはずだ。17世紀終わりまで、リンゴ酒といえば富裕層の男性が味わう飲料だった。そして富裕層の行動規範は、神の恩寵ではなく優れたイングランド的流儀を優先するものだった。当時のリンゴ酒の最大の支持者は、園芸家で啓蒙主義の科学的方法を重視するジョン・ウォーリッジだった。彼は1676年の包括的論文でイギリスのリンゴの目録を制作し、フランス人が最高のワインのためのブドウを評価したように、最高のリンゴ酒に適しているかどうかでリンゴの品種を評価した。さらにウォーリッジや王立協会会員も含めた専門家は、やがてイングランドのリンゴ酒が大陸のワインを追い越すようになることを証明しようとしたのである。またリンゴ酒は一般に木樽の中で醱酵させ樽から注ぎ出していたが、この頃開発された丈夫なガラス瓶によって、リンゴ・シャンパンのような発泡性リンゴ酒が自然にできるようになり、ロンドンに出荷されスタイリッシュなパーティーを盛り上げた。[7]

次の200年では、経済と農業の変化によってふたたびリンゴ酒とその標準的な風味が変化することになる。ウォーリッジがイングランド産リンゴ酒に抱いた大きな希望も、商売上の事情ゆえに実現にはいたらなかった。というのも、多くの生産者が1回目の圧搾果汁を水で薄めたり、その搾りかすに水を加えて湿らせ2回目の圧搾に利用したりしたためで、これは貧しい農家にとってはわずかなリンゴを節約して利用するやむを得ない常套手段だった。その哀れな結果としてリンゴ酒の質が落ち「サイダーキン（薄いリンゴ酒）」とかウォーター・サイダーなどと言われたわけだが、加えられたのは水だけではなかった。リンゴ以外の果物も使われ（新鮮なものばかりでなく腐ったものもあった）、動物の部位まで加えて混合し醱酵させたのが「スクランピー」という粗野な飲料だ。こうしたなかでイングランドの植物学者トーマス・アンドルー・ナイトは、やはりヘレフォードシャーの男だが、リンゴを愛してやまないことで知られ、18世紀後半にリンゴ酒の質の改善に取り組んだ。

その頃、富裕層は高級銘柄のリンゴ酒を味わっていたが、安いリンゴ酒の流通によって市場の経済価値が低下したため、1870年代に入った頃にはリンゴ栽培では他の作物ほど利益をあげられ

リンゴ酒用グラス（1760～1770頃、ブリストル）。労働者階級の人々が粗末な陶器製マグでリンゴ酒を飲んでいた頃、富裕層は装飾を凝らしたシャンパン・グラスのような脚付きグラスにリンゴ酒を注いだ。

なくなっていた。多くの農家がリンゴの木を伐採したり栽培を放棄したりしたため、手入れのされなくなったリンゴの木から労働者や貧困者が摘み取るようになった。18世紀には農場労働者への賃金はリンゴ酒での現物支給が一般的だった。支払われた日当は大人がリンゴ酒2クォート（約2リットル）、子供が1クォートで、こうした現物支給が違法となるのは1878年のことだった。[8] まもなくして、ジンやビール、工場生産のリンゴ酒がパブで自由に流通するようになると、流行に敏感なイングランド社交界はふたたびワインに目を向けるようになった。

◉罪深きリンゴのお酒

アメリカのサイダー（リンゴ酒）の歴史にも浮き沈みがあったが、アルコールを伝統飲料から消し去ったのは、倫理的な怒りのうねりだった。アメリカへの入植者たちはヨーロッパでアルコール入りのサイダー、つまりリンゴ酒で育ったため、新世界へ到着すると同時にリンゴ酒造りを始めた。アメリカのリンゴ史家で育苗家のトム・バーフォードによれば「1650年代までには、数千本のリンゴを栽培する果樹園が見られるようになったが、その目的はリンゴ酒の製造にあった」[9]。1820年までは、リンゴの栽培本数の少ない農家でも必ず自家用としてあるいは他の商品と交換するためにリンゴ酒を製造し、栽培規模が大きくなれば居酒屋へも販売し、誰もがリンゴ酒を飲む時代だった。

ところがその後数十年は、産業革命によって農民は都市へと移動し、多くの果樹園が放棄された。するとと地方のバーでもリンゴ酒を見かけることはなくなった。19世紀になるとドイツやアイルランドからのアメリカ移民が、アメリカ中西部産の安い穀物でビールやウイスキーを製造し、これらが労働者向けアルコール飲料となった。小規模の農場で造られていたリンゴ酒が遠隔地まで出荷されることはなかったが、ドイツからの移民は各地に大きな醸造所を開設して莫大な量のビールを製造するようになると、混み合って暑苦しい工場の労働者にとって一杯のビールが気分転換の喉越しとなった。

多くの労働者とその家族は都市の居住環境や労働環境の劣悪さに耐え忍ぶ中で、貧困からアルコール中毒へ、そして家庭内暴力へと悪循環に陥っていた。こうした問題が増加するなかで、アメリカでは飲酒の制限さらに非合法化を求める何千もの集団を組織する禁酒運動が急拡大した。目の敵とされたのはたいていビールとウイスキーで、その後アルコール反対の激しい抗議はリンゴ酒にも向かうことになるが、当初の運動はアルコール度の高い酒の製造禁止を求めるものだった。しかしこの運動が19世紀アメリカの倫理観に深く浸透するようになると、ついにはアメリカのリンゴ栽培農

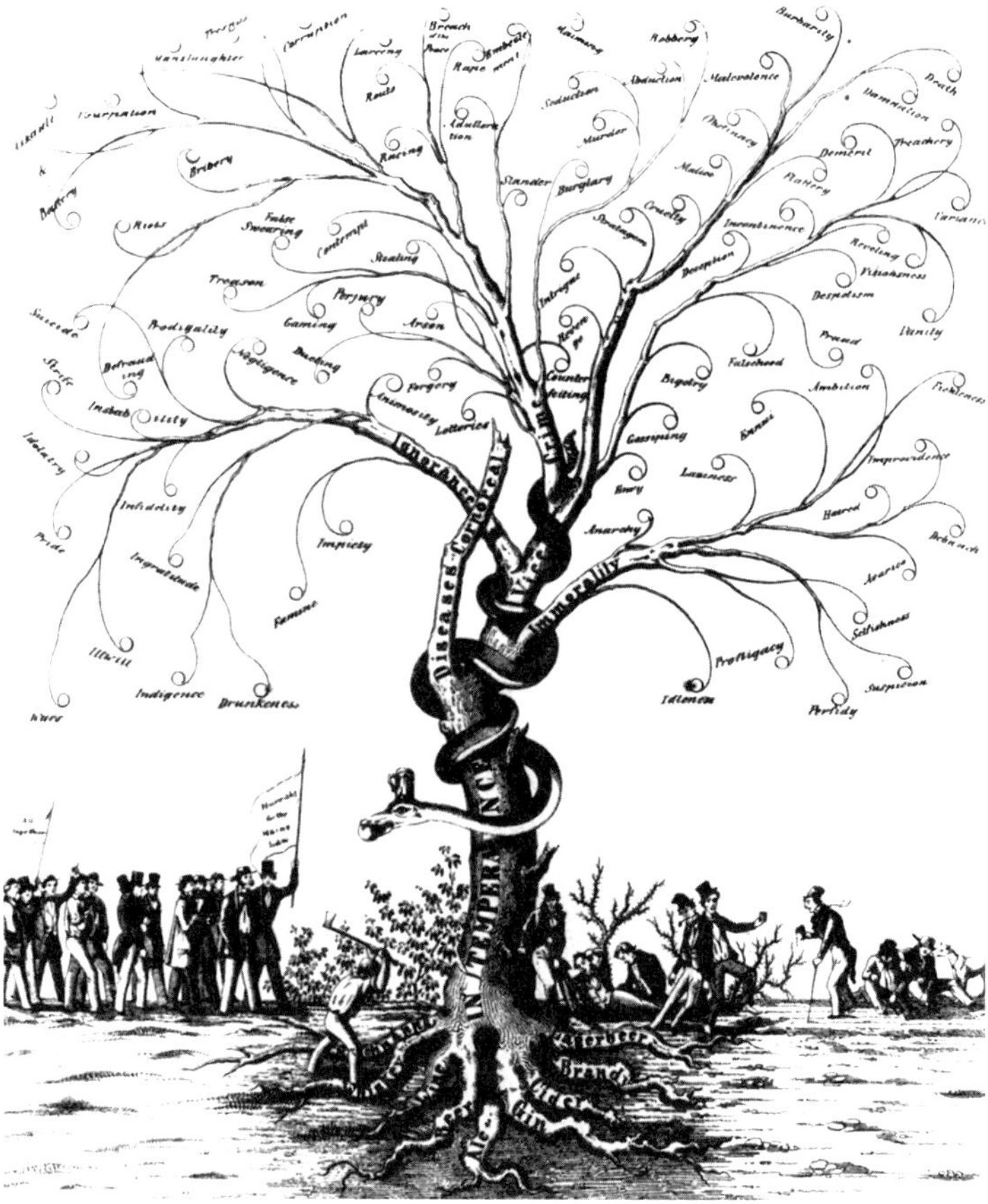

「禁酒の恩恵と飲酒の罪悪」（素描画、1850年代）。リンゴを口にくわえ頭にはマグ入りのビールを載せたヘビが木の幹に巻きついている。枝には戦争や酩酊、アナーキズムなど社会的、道徳的罪悪の実がたわわになっている。左側には禁酒支持の旗を掲げた男たちが列をなして行進している。右側にはアルコール依存症で堕落した男たちの集団が描かれている。

家の評判をも貶めるようになる。リンゴ酒禁止の主張には宗教的な含みのある言葉が用いられた。リンゴ酒用のリンゴを販売する農家は神ではなく拝金主義の悪魔マモンに仕えていると非難したのだ。何世代にもわたり自家消費用にリンゴ酒を生産してきた農民は、リンゴ酒を造らなければ神からの恵みを無駄にする罪を犯すことになると反論した。しかし厳格な道徳を重んじるモラリストは、キリスト教を信仰する農民にとって、倫理的に正しい道は、栽培しているリンゴの木を焼き払うことにあると主張した。[10]

アメリカの禁酒運動で最も有名な人物と言えば、斧を振りかざす絶対的禁酒主義者のキャリー・ネイションだ。身長1・8メートル近く、体重およそ90キロという堂々とした体格に、断固とした決断力を持ち合わせた威圧感ある女性で、20世紀最初の10年間に女性信奉者を酒場へ向かわせ、斧を振りまわして「ぶち壊せ、みんな、ぶち壊すんだ」と絶叫しながらカウンターや調度品を破壊させた。この運動には大富豪も含めあらゆる社会階層の人々が参加した。その最大の支援者のひとりが強大な独占企業スタンダードオイルを創立したアメリカ一の大富豪、ジョン・D・ロックフェラーだった。福音主義の教えにそって理想を追求するロックフェラーら多くのバプテスト派の人々にとって、飲酒反対は基本的な信念だった。そしてロックフェラーの妻セレスティアも、1878年に最大の影響力を持つようになる禁酒運動グループ「女性キリスト教禁酒同盟 Women's Christian Temperance Union」を設立、同盟はアメリカ史上最大の女性組織となった。さらに、セレスティアは大富豪という特権階級であるにもかかわらず、しばしば酒場に乗りこみ、ひざまずいては酒浸りの罪人たちのために祈っていたという。[11]

自家製アップルサイダーの宣伝用横断幕。19世紀のアメリカで禁酒運動の嵐が巻き起こってから、このニューヨーク州ケンブリッジの農場の横断幕にあるようなアメリカン・アップルサイダーは、醱酵させていないノンアルコールのリンゴ飲料となった。

絶対的禁酒主義者が斧を振りまわし、酒場を破壊しただけでなくリンゴの木まで切り倒したことは、19世紀から20世紀初頭のニューイングランドを象徴する出来事となった。何十本ものリンゴの木が切り倒されたことは、ニューイングランドの果樹園を失ったソローの反応からもよくわかる。「しかし、悲しいことには、ぼくは今、最近の経験からではなく、思い出から語っている。それほどの破壊がなされてしまっているのだ」[12]〔前掲『アメリカ古典文庫4』より引用〕。しかし、教会へ通う農民としては、リンゴ栽培を悪行として罰せられることに疲れ果て、自らの果樹園を放棄するしかなかったのである。[13] 過激な禁酒運動のとばっちりを受けたのはリンゴ酒だけではなかった。リンゴの古くからの品種の多くが失われてしまった。こうしてリンゴの奥深い甘酸っぱさが消え、味の薄いリンゴと醱酵させない甘すぎるサイダーが流行する条件が整うことになった。

「ストローでサイダーを飲みながら Sipping Cider

「Through a Straw」という歌ができたのは１９１９年のこと。この年、アメリカ議会に「酒類」の製造、輸送、販売を禁止する全国禁酒法が提出された。「ストローでサイダーを飲みながら」ではアルコール入りサイダーを飲んでいた不道徳な時代とはまったく異なるようすが歌われている。

すごく可愛い子がストローでサイダーを飲んでた……
そのうちに頬を寄せ合い
いつまでもおしゃべりするようになった
ふたりでストローでサイダーを飲んだんだ
時にはストローが滑り落ちることもあるわけで
そんなときは彼女の唇から
サイダーをすすった
そして今では義母ができた
ストローでサイダーを飲んでたらね

この歌は古き良き時代へのほのかなノスタルジアか、そうでなければサイダーの純真なイメージ作りだ。いずれにせよ１９１９年のアメリカではリンゴ酒のためにリンゴを栽培する時代はとうの昔に過ぎ去っていた。この歌の15年前、１９０４年にセントルイスで万国博覧会が開催され、果樹部門の専門委員を務めたＪ・Ｔ・ステンソンが「リンゴ１日１個で医者いらず」とリンゴを絶賛し

禁酒法の漫画。アメリカ合衆国議会で禁酒法が可決された1919年に発表され、同法が個人的利用として家庭でのリンゴ酒製造を認めたことを揶揄している。

た。このスローガンのおかげでリンゴ酒の負の歴史が払拭され、生食用のリンゴ市場の復興が勢いづいたのである。そしてあのナチス政府でさえリンゴを健康食として奨励するようになり、ドイツ初のリンゴジュース大規模工場が稼働し始めた[14]。

アメリカの禁酒法は1920年に施行されたが、家庭用に酔わない程度のリンゴ酒を造ることは認められていた。もちろんそんな弱いリンゴ酒でも2、3日もすれば自然に醱酵が進んで普通のリンゴ酒になる。当時の漫画に自分の果樹園でサイダーを造る農夫のようすが描かれている。きちんとした服装の男たちがフェンス越しにその農夫に働かせてくれないかと聞いているが、実はサイダーが目当てだったのだろう。アメリカ史上でも悪名高いこの時代には、連邦捜査局FBIは非合法の酒類の製造販売で財を成し名声を得た犯罪者たちを標的にしていたことはよく知られている。これまではアル・カポネのような大物がアルコール飲料のリンゴ酒販売で告訴されることはなかったが、この禁酒法時代にはFBIがリンゴ酒用果樹園を焼き払うこともあった[15]。

●健康のために

FBIと禁酒主義者が認めることはなかったが、実は醱酵させたアルコール入りサイダー、つまりリンゴ酒は健康によかった。確かにアルコールの誘惑はあったとしても、健康飲料、長寿飲料として長い歴史があったのだ。17世紀のジョン・ウォーリッジは「壊血病や結石（腎結石）、脾臓の病気……そして特に憂鬱症にこれほど有効な飲料はない」ことを確信していた[16]。リンゴ酒を飲めば気分がよくなることはすぐにわかるが、ほかにも健康上の利点があった。醱酵によってリンゴ酒に

加熱殺菌されたサイダー（ノンアルコール）。1996年に加熱していないサイダーを飲んだ子供が死亡して以来、アメリカで製造されるサイダーのほとんどは加熱殺菌されている。この工程によりバクテリアとともにビタミンＣも破壊される。

含まれるビタミンCは長期間の航海中も十分に維持され、壊血病を予防できた。また中世ヨーロッパの貧農や植民地アメリカの地方農民が肉や新鮮な野菜なしで長い冬を生き抜くためのビタミンB_{12}もリンゴ酒から得られた。また、19世紀のアメリカ農民は半醱酵のサイダーにトウモロコシのウイスキーを加えアルコール度数を上げて殺菌していた。こうすることで、家畜や人間の糞尿で汚染されることがある井戸水よりも、飲料水としては安心して飲むことができたのである。

皮肉なことに、ものによっては最近販売されている未醱酵ノンアルコール・サイダーよりアルコール版サイダーのほうが安全な飲料であることも証明されている。1996年、1歳4か月の女児が甘いリンゴ・サイダーを原料にした飲料で死亡した。

テオフィル・エマニュエル・デュヴェルジェ「新しいサイダー New Cider」(19世紀中頃、素描画)。圧搾器で搾りたてのサイダーを赤ん坊に与えている。

大腸菌汚染が原因だった。同じブランドの飲料でアメリカでは数十人が体を壊している。この大腸菌の出所を追跡してみると、果樹園で落ちたリンゴが、草を食んでいた家畜の糞便で汚染されていたことがわかった。この衝撃的な事件があって厳しい規制が設けられ、ノンアルコール・サイダーの加熱殺菌が義務づけられた。ただしこの処理は大腸菌と同時にビタミン類まで分解し、しかも高額な設備が必要だった（ビタミンCは熱や酸素、光に暴露すると失われてしまうので、加熱殺菌後に新たに添加されることも多い）。その後もっと安価な代替手段として、紫外線処理でも病原菌に対して加熱殺菌と同等の効果があることが認められた。

今日のサイダー製造業社は、常に安全なサイダーを提供する唯一の方法は、高品質のリンゴと衛生管理の徹底にあると主張している。「低品質のリンゴと不衛生な処理では、どんなに加熱処理したとしても飲料に適しているかどうかはわからない」とメイン州の伝統的なサイダー製造業社のデイヴィッド・ブキャナンは説明する。[17] イギリスではリンゴ酒の加熱処理は政府規制にはなっていないが、大規模な商業生産者はリンゴ酒が酢にならないよう安定した醱酵を維持するために加熱処理を用いている。

しかし伝統的製造法にこだわる多くの小規模リンゴ酒製造業者は、この加熱処理などの人為的な加工に対してきわめて批判的だ。1988年、イギリスの消費者団体で本物のエールビールの復活を目指す「リアルエール運動」（CAMRA: Campaign for Real Ale）は「リアル・サイダー」の推奨に乗り出した。批判の矛先は「ケグ・サイダー」の流行だ。この飲料は一般的に加熱殺菌を施し人工的に炭酸ガスを注入し、添加物や着色料を加え、本物のリンゴではなく濃縮果汁を原料にすることも多い。[18]

リンゴ濃縮果汁は、リンゴ酒にもリンゴジュースにも用いられているが、イギリスとアメリカではさらなる懸念ももちあがっていた。中国製のリンゴ濃縮果汁が世界市場を独占しているうえ、2013年には中国の主要メーカー3社が腐ったリンゴを利用していることが発覚し、有毒カビが含まれる危険性が指摘されたのだ。[19] ドイツとフランスのリンゴ酒製造業社には地元産のリンゴを使い加熱殺菌や人工添加物を加えないリンゴ酒を生産してきた長い歴史がある。「アッフェルヴァイン」（リンゴワイン）というドイツのリンゴ酒は、イギリスやアメリカの比較的甘いリンゴ酒とくらべると酸味が強い。フランスのリンゴ酒生産者はワインに苦戦を強いられているが、ノルマンディの

樽醸造のリンゴ酒。今日の多くの小規模リンゴ酒製造所ではオークの樽を使い昔ながらの方法で醸造している。

いくつかの生産者は高級ワインメーカーの動向を注視しつつ、粘り強くリンゴ酒の生産を続けている。[20]

◉復活

アメリカの禁酒法が廃止されたのは１９３３年のことだったが、醗酵させてアルコールが含まれるサイダーつまりリンゴ酒の復活には遅すぎた。アルコールに飢えたアメリカ人はすでにビールなどのアルコール飲料の喉越しに癒やされるようになっていたからだ。しかし20世紀の最後の10年で味覚がふたたび変化し始めた。伝統品種のリンゴ栽培への関心が復活したように、１９９０年代にアルコール入りサイダーがアメリカ市場に再導入されると、それ以降生産量は驚異的な伸びを見せた。２００７年だけでも売り上は前年の2倍以上増加している。[21] これは伝統品種を栽培する農家にとってはいいニュースで、地元の食料品店で販売したり高級食料品店に出荷するより、サイダー・メーカーに売ったほうがよい儲けになる。グルテン・フリー・ダイエットの時代になったことも、麦を原料としたアルコール飲料よりリンゴ酒に有利な条件となっている。

「サイダーはかつてリンゴの用途としては最も地味で……何より寛大だった」とブキャナンは述べている。[22] ワインとくらべると、零細農家が何世代も続けてきたように、家庭菜園家でも自家製リンゴ酒を造るのは比較的簡単だ。田舎住まいの食通の間では余暇の趣味としてリンゴ酒造りの愛好家が増加しつつある。しかしリンゴ酒造りを勢いづけているのはなんと言っても伝統的製法にこだわりをもつ小規模リンゴ酒製造所だ。多くのクラフトビール醸造家や若いシェフのように、地元で

ヘレフォードシャー州のリンゴ農園ではトラクターでリンゴを拾い上げる（2009年）。リンゴ酒造りに歴史のあるイングランド西部のカウンティ。

栽培された作物を最大限に利用しフレッシュで風味豊かな食の復権に貢献している。イギリスのケグ・サイダーのように、加熱殺菌され、保存料が添加され、ブドウ糖果糖液糖で甘味が加えられた瓶詰めのアルコール入りサイダーはアメリカでも以前から購入できたが、無添加辛口のサイダー人気は比較的新しい現象だ。

アメリカのリンゴ酒の歴史を考えるうえで、ブランド名として最も興味深いものに「オリジナル・シン」（Original Sin「原罪」を意味する）がある。1997年アップステート・ニューヨークで創業し、マンハッタンのビール市場に割って入った最初の手造りリンゴ酒のひとつだ。醸造する若者の名は、ギデオン・コール。最初はニューヨーク市地下鉄で箱詰めしたリンゴ酒を運んでは、バーのオーナーに1本ずつ手渡しストックしてもらえるよう頼み込んでいた。今ではオリジナル・シンはアメリカ国内はもちろんイギリスや日本でも販売されている。この醸造所ではニューヨーク・ピピンという18世紀のニューヨークで有名だった伝統在来品種のみを用いる「シングル・エアルーム・ヴァラエタル」も製造している。[23] 2011年のニューヨーク州ではハード・サイダー（リンゴ酒）製造所が約200社を数え、アメリカ国内最多となった。しかしギデオン・コールの成功物語も、各地のリンゴ生産地からリンゴ酒に馴染みのない市場に乗り込んでいった小規模醸造家による多くの物語のひとつにすぎない。

イギリスがリンゴ酒で世界をリードしているのは、パーシー・バルマーによるところが大きい。バルマーは1888年にヘレフォードでアルコール・サイダーつまりリンゴ酒の工場生産を開始した。[24] 今や世界を代表するリンゴ酒メーカーのバルマーだが、現在イギリスとアイルランドのパブで売り上げが急上昇しているのは昔ながらの手作りブランドで、他の国でも売り上げが上昇している。[25] リンゴ酒工場の見学というアイデアがワイナリー見学と同じように好奇心をくすぐるようになったのはつい最近、2006年のことだ。その年、アメリカの雑誌「グルメ」ではケベックの手造りリンゴ酒醸造所を取り上げることになり、担当ライターは片田舎まで旅する価値を読者に伝える必要があった。そこで注目したのが、醸造所での独特の作業だった。たとえばリンゴを木になったまま凍らせ、凍ったまま圧搾してアイス・サイダーを製造する。1世紀以上前のソローお気に入りの味わい方にそっくりだ。グルメの記事では疑い深い読者がいることも見越して、冒頭で、「複雑で感動的であなたを虜にする魅力的なリンゴ酒に出会えるでしょうか……10か所前後のシドルリ［リンゴ酒醸造所］のなかにあなたのお気に入りは見つかるでしょうか」と読者の関心を引き寄せた。[26] 現在急増昇中のリンゴ酒愛飲家なら「イエス」と答えるだろう。ケベックでは16世紀にフランス入植者がカナダで始めたフランスの「シードル」造りの伝統が守られている。スペインの泡立つ辛口の「シードラ」は、伝統的に高い位置から注いで泡を立てるが、特にバスク地方ではそのスタイルは昔から変わらない。メキシコではかつては伝統的にクリスマスにだけリンゴ酒を飲んでいたが、今では日常的にも飲まれるようになっている。[27]

アメリカとイギリスのビール製造業社はこの成長市場に目をつけ、リンゴ酒醸造所を買収したり独自のリンゴ酒ブランドを立ち上げ始めている。シカゴのグースアイランド・ビール社の元醸造責任者グレゴリー・ホールは2011年に同社を退社すると、ミシガン州にヴァーチュー・サイダーを設立し、現在はヨーロッパ製法で数種類のクラフト・サイダーを生産している。醸造業界最大手のビール会社もこうした動きを見逃さなかった。モルソンクアーズ社はサイダーブランドのクリスピン社を買収しレッズアップルエールという新ブランドを立ち上げ、ボストンビール社ではアングリーオーチャードを生産し、アイルランドでマグナーズ・サイダーを生産するC&Cグループは、ヴァーモント州のウッドチャックサイダー社を買収、ごく最近もバドワイザーを製造する巨大企業アンハイザー・ブッシュ社が、傘下のステラアルトワ・ブランドでステラアルトワ・シードルの販売を始めている。[28]

イギリスでも数年前からステラアルトワを購入できるようになったが「大西洋を超えて出荷されるようになったことは、アメリカにおける将来のリンゴ酒需要への強力な後押しを意味する」と雑誌ボナペティでレストランと飲料を担当する編集者アンドルー・ノウルトンは述べる。[29] 辛口でヨーロッパスタイルの風味、さらにステラアルトワ・シードルというフランス風ブランド名には白ワインに対抗する意味もあった。ステラアルトワ・シードルはテレビのスポーツ番組の提供も手がけ、競争的なアメリカ市場への参入に挑戦中だ。ビールをがぶ飲みしながらハンバーガーとバーベキューにかぶりつくフットボールファンやバスケットボールのマッチョなファンに「手摘みリンゴのシードル」の販促が進行中なのだ。

第5章　アメリカン・アップル

アメリカン・アップルと聞いてまず気になるのが、本当にアメリカ生まれのリンゴなのだろうかという点だ。ヨーロッパの人々が新大陸に到着したときにアメリカにあったのは小さくて苦い実の野生リンゴだった。セイヨウリンゴ（学名 *Malus domestica*）の実生《みしょう》や接ぎ穂は初期の入植者たちがヨーロッパから初めて持ち込んだのだから、のちにアメリカ人が甘いリンゴを自分たちの「国の果物」と言い切れる自信はいったいどこからくるのだろう。またよく言われる「アップルパイのようにアメリカ的」という慣用句の妥当性も疑問だ。甘煮のリンゴをパイ生地で包んで焼くアップルパイについては、イギリスやヨーロッパに何百年に及ぶ歴史があるからだ。イングランドの小説家ジェーン・オースティンは1815年に妹に宛てた手紙で「おいしいアップルパイが幸せな家庭の源」と書いている。アップルパイがアメリカ生まれのアメリカ人だけのお菓子ではないことは、オースティンに限らず誰もが知っていたことだ。[1]

今さらの感も否定できないが、アメリカン・アップルはその威信を揺るがす競争圧力にさらされ

アメリカ産リンゴ品種を記念する切手（2013年1月）

「アップルパイのようにアメリカ的」とよく言われるが、イギリスやヨーロッパの国々ではアメリカの食卓にのぼる以前からアップルパイは一般的な食べ物だった。

ている。アメリカ人にとっては驚きでありショッキングでさえあるだろうが、実は世界に流通するリンゴの半分以上はいまや中国で生産されているのだ。アメリカ製リンゴジュースの半分以上は中国産の濃縮還元果汁が原料になっている。それでもこうした冷凍濃縮還元という形でアメリカ市場にあふれかえる中国産リンゴジュースを除けば、これまでのところ安価な生食用の中国産リンゴの大津波は食い止めている。アメリカはリンゴ生産高世界一の座からすでに引きずり下ろされて現在第2位であり、その生産量は中国にはるかに及ばない（2010年時点でのアメリカの生産量は420万トン、対して中国は3320万トンだ）。アメリカの農産物直売所では、赤いリンゴが印刷されたポリ袋に地元産リンゴを詰めて売っていることがあるが、この袋は中国産であり、こうした状況は来るべき事態を予兆しているのかもしれない。中国産生食用リンゴがアメリカに上陸した場

大統領執務室のテーブルには必ずボールに盛りつけたリンゴが置かれている。後方で電話をかけているのはアメリカ大統領バラク・オバマ（2009年）。リンゴはファーストレディ、ミシェル・オバマが進めるヘルシーフード運動の一環でもあった。

合、はたしてニューヨーク市を「ビッグ・アップル」と呼べるのだろうか？　アメリカがリンゴにこだわるのは愛国的誇りが大いに関係しており、その背景には長い歴史がある。フランスのワイン、ドイツのビールそしてイタリアのオリーブオイルがそうであるように、アメリカのリンゴも経済と文化において重要な位置を占めてきたのである。

アメリカ固有の品種、少なくともヨーロッパ品種の遠い親戚としての甘いリンゴには、植物としての歴史物語がある。現代科学という後知恵を利用するなら、リンゴの木のヨーロッパからの導入は、セイヨウリンゴの祖先であるアメリカ固有のリンゴのはるか昔に始まった旅からの帰還を意味するとも考えられる。バラ科の原始的な灌木は北アメリカから中国中央部へ渡り、さらに栄養分の多い天山山脈の山岳地帯からヨーロッパへと分布を広げたのだった。しかし旧世界からの帰還に際して入植者が持ち込んだのは、ヨーロッパで何世紀にもわたって接ぎ木が続けられたリンゴの木で、新世界の異なる環境ではうまく適応できなかった。移植されたリンゴの苗木はニューイングランドの厳しい冬を生き延びることはできなかったのだ。ところがリンゴの種子をまいてみると、ヨーロッパの祖先とはまったく異なるリンゴの木に成長し、それがついにはアメリカの新たな固有品種として認められるようになったのである。そしてこの新たなリンゴの木に多くの実がなるようになったのは、もうひとつヨーロッパから導入されたものが貢献していた。ミツバチだ。

北アメリカにも野生リンゴをはじめ野生の花や植物の受粉を手伝う在来の野生のハチや昆虫は生息していた。しかし初期の入植者たちに馴染みがあったのは人為的に繁殖させたミツバチで、古代エジプトの時代から蜂蜜や蜜蠟を取るために人工的な巣箱で育てられてきた。入植者たちは実際に経験してみてすぐにわかったことだが、野生のハチから蜂蜜や蜜蠟を集めるのは不可能ではないにしてもかなり難しく、果樹園へ移動させてリンゴの花の受粉をさせるのも困難だった。

1606年にイングランドのジェームズ1世の勅許を受けたヴァージニア会社は、定期的にウシ、ヒツジ、ニワトリなどの必需品を植民地へ出荷していた。1621年付のヴァージニア会社からヴァージニア州ジェームズタウンの植民地へ宛てた送り状には、アメリカ初のミツバチとなった可能性もある貨物の記載もあった。[2] 巣箱に大切に収められたミツバチは、6週間かけて大西洋を渡り新たな生息地に上陸した。オランダやスウェーデン、フランスからの入植者もそれぞれの養蜂の知識を携えてミツバチを新大陸へ導入した。

ミツバチは入植者と同じようにコロニーを形成し、分封《ぶんぽう》しては西へ進み、開拓者の先遣部隊の役目を果たした。アメリカ先住民はこうしたミツバチのことを「白人のハエ」と呼び、ミツバチの羽音で入植者が近づいていることを知った。ジョニー・アップルシードをはじめニューイングランドへの移民が今日のアメリカ中西部にあたるフロンティアに到達する18世紀終わり頃には、ミツバチは樹木のうろに定着し、リンゴの若木の受粉を助ける準備は整っていた。しかしさらに極西部へと分布を広げる速度は遅かった。ミツバチがユタ州に達するのはさらに50年かかり、モルモン教徒が幌馬車でミツバチとともにリンゴの種子と接ぎ穂を携えてユタ州に入ったのが1848年だ。ついにミツバチが西海岸に到達するのは1853年のことだが、植物学者のクリストファー・A・シェルトンがパナマ経由で海と山を越え、カリフォルニアへ持ち込んだのだった。[3] カリフォルニアではその後1870年代までに200万本を超えるリンゴの木が栽培されるようになった。[4]

アメリカへの植民が始まって最初の数世紀の間、零細農家にとっては接ぎ木よりもとても安上がりで労力も少なくてすむため、リンゴの木はたいてい種子から育てられていた。植民地時代のヴァージニアでリンゴの苗木を接ぎ木で繁殖させる商業的育苗園は少なかったが、ニューヨークにはプリンス・ナーザリーがあった。ちなみに初めてニュータウン・ピピンの実生苗木が販売されたのがこのプリンス・ナーザリーだ。当時の果樹園では接ぎ木と実生がまぜこぜになり、さまざまな品種の夏リンゴと冬リンゴが出まわっていた。18世紀までにはアメリカの種苗業者は西インド諸島、さらに大西洋を横断してリンゴを輸出するまでになる。アメリカのリンゴの木が初めてイギリスに輸入されたのは、あるアメリカ人農夫とひとりのイギリス人貿易商とのあいだで植物の取引があったためだった。

この取引は1733年から40年間続き、この間にフィラデルフィアの自称、農夫にして植物学者のジョン・バートラムは、ロンドンの貿易商にして植物収集家のピーター・コリンソンに宛てて、アメリカ産の種子や接ぎ穂、植物を何百箱も送っている。裕福な商人だったコリンソンは、他の園芸愛好家とも幅広く取引を行っていたからだ。アンドレア・ウルフは『ザ・ブラザー・ガーデナーズ *The Brother Gardeners*』（2008年）で「アメリカの常緑樹、優美な樹木、色あざやかな灌木が……イングランドの庭園の基礎となった」ことを明らかにしている。[5] このバートラムとコリンソンとの間の取引はベンジャミン・フランクリン経由でニュータウン・ピピンのロンドンへの導入にもつながった。フランクリンはロンドンに滞在中の1758年にアメリカからニュータウン・ピピンを取り寄せ、そのうちのひとつを友人のコリンソンに譲る。その香りに魅了されたコリンソンはバートラムにその接ぎ穂を送ってくれるように依頼した。しかし、イングランドでこのリンゴの人気が出るのはバートラムの他界後のことだ。当時イングランドでも一流の種苗園芸業者、ロンドンのブロンプトン・パーク・ナーザリーが「ニューヨークのニュータウン・ピピン」の販売を1768年に予定していたが、バートラムはその年に亡くなっている。1773年にはイングランドのリンゴはひどい不作になり「アメリカのリンゴが優れた代用品になることがわかった」とコリンソンの息子が報告している。[6]

●アメリカ西部フロンティアのリンゴ

他のどの国よりもリンゴが国家拡大に大きな役割を果たしたのがアメリカだった。カリフォルニアの開拓に金が重要な役割を果たしたとすれば、アメリカ中西部への入植にはリンゴが欠かせなかった。とはいえ入植者はリンゴを求めて西へ向かったわけではない。確かに金の場合はそうだったが、リンゴは文字通り開拓者が土地に定着するために必要な手段だったのだ。

ゴールドラッシュがカリフォルニアの人口増加をもたらしたのは一度限りのことだったが、18世紀前半のアメリカのフロンティア(オハイオ州やペンシルベニア州西部、インディアナ州、イリノイ州、ミシガン州といった今日の中西部州あたり)に植えられたリンゴの木は、人々をフロンティアの土地に根を張らせることになった。20世紀初めのジョニー・アップルシードをテーマにした詩が熱狂的に語っているように、「リンゴの芯が縁もゆかりもない土に根をはり、それが果樹園となり各々《おのおの》の家となった」[7]。

1849年のゴールドラッシュ時には、一攫千金を狙う何万もの人々がカリフォルニアに押し寄せたが、その後カリフォルニア州に定住を決めたのはおよそ10パーセントにすぎなかった。[8] 一方で入植者や土地所有企業は中西部の土地の所有権を主張するためにリンゴ果樹園を作っていった。そしてリンゴ栽培農家もこのゴールドラッシュの間に思わぬ大金が手に入った。新鮮な果物に飢えていたカリフォルニアの金探索者たちがリンゴ1個に5ドルも払ったからだった。[9]

ジョニー・アップルシードとして有名になったジョン・チャップマンは、アメリカ西部のフロンティアをリンゴで征服したとされる。アメリカ国家の成立に関する多くの物語と同じく、アメリカの西部への拡大も郷愁を誘う伝説的英雄の物語として美化されてきた。ジョニー・アップルシードとリンゴは子供向けの本や映画できわめて単純な物語に仕立てられて絶賛を受け、より大きな物語に組み込まれた。今日の「ありきたりでなんの変哲もない果実」とは違い、歴史家ウィリアム・ケリガンはアメリカのリンゴについて次のように述べている。

> 文化的含意に満ちた果実であり、アメリカ先住民とヨーロッパからの侵略者、貧しい白人と裕福な白人、大酒飲みと絶対禁酒主義者、現在を称える者と過去への郷愁を抱く者と間の対立を象徴する存在とされることもあった。[10]

生前から伝説となっていたアップルシードは、他界後も多くのアメリカの詩人や劇作家、小説家に賞賛された。1948年にはディズニーがアップルシードの伝記アニメ映画を制作したことでさらに有名になった。映画でのアップルシードは小麦袋製のチョッキをまとい、頭にはブリキの深鍋をかぶり、肩掛け袋にリンゴの種を入れていた。このアニメでは今も最もよく知られたアップルシードのイメージを見ることができる。民間伝承でもアニメでも、アップルシードは利他的で風変わりな人物で、進んで荒地にリンゴの木を植え、聖人のように無私の生活を送る男として描かれている。リンゴ版聖フランチェスコといったところだ。

カール・サンドバーグやエドガー・リー・マスターズ、スティーヴン・ヴィンセント・ベネーら19世紀から20世紀初頭のアメリカの作家たちはみなアップルシードを賛美したが、ヴァーチェル・リンゼイほど彼の神秘性について取り上げた者はいなかった。さらにリンゼイはアップルシードを「アメリカの魂であり救世主」ととらえた。[11] リンゼイは至高の域に達したアップルシードについて数多くの神秘的な詩や歌、物語を書いている。風変わりな小説『スプリングフィールドの黄金色の書 *The Golden Book of Springfield*』（1920年）では、ジョニーのリンゴの種から、食べた者はみな永遠の美の寵愛を授かるとされるアップル・アマランスの果樹園が生まれる。またこの本では2018年にアップルシードが列聖されたことになっている。ディズニーのアニメでさえそこには宗教的な意味合いがあり、守護天使が現れてジョニーにリンゴの種の入った袋をわたすと、アメリカ中にその種を植えるという、神から授かったミッションに送り出す。

チャップマンは実際にはスヴェーデンボリ運動の伝道者で、父親が貧農であったことから、フロンティアで巡回布教をして生活するようになったのも、利他主義からではなく、明らかに貧しいという現実があったからだった。入植者にリンゴの実生を売って金持ちになったわけではないが、そ

ジョニー・アップルシードの切手（1966年）。19世紀中頃にアメリカのフロンティアにリンゴの種を植えた伝説のアップルードを記念した。

の過程で広大な土地を得てリンゴの苗木を育てる種苗園を開くことができた。ある時点でその所有地は490ヘクタールにまでなったというから、チャップマンがずっと貧しかったわけではない。[12] それでも高価な接ぎ木ではなく実生の苗木（いわゆる普通の苗木、自根苗木）を売ったことで、庶民の英雄、アメリカ民主主義のシンボルとみなされた。25セントの接ぎ木苗に比べれば自根の苗木はわずか2、3セントで、貧乏人にもリンゴの苗木を買えたのだから、この話が本当だとすれば、アップルシードは寛大で、多くの人に施しを与えていたことになる。[13]

こうしてビジネスに成功したにもかかわらず、アップルシードの身なりはみすぼらしいままで、荒野の粗末な小屋住まいにも変わりはなかった。アップルシードの信奉者はこうしたシンプルなライフスタイルを聖者の生き方になぞらえるが、当時はリンゴの大部分は醱酵させてシードルにしていたわけだから、マイケル・ポーランに言わせればアップルシードは「アメリカのディオニュソス」つまり「フロンティアにアルコールという恩恵をもたらした男」だということになる。[14]

アップルシードの名声は西海岸から東海岸へと広がり、その名とイメージはアメリカ中の収穫祭に取りこまれた。1880年代以降、カリフォルニア北部のパラダイスという町では「ジョニー・アップルシードの日」という毎年恒例のイベントが開催されているが、この祝福されるパイオニアは実際には中西部より先には進んでいなかった。さらに、ケリガンは歴史的背景を広く見渡したうえで、ジョニー・アップルシードの伝説は「本質的に大陸を野蛮から文明へと転換させたアメリカ帝国を祝福するものであって、アメリカ先住民の追放という現実を無視している」と指摘する。[15] アップルシード神話によれば荒野にリンゴの種を植えたのはアップルシードだけということになってい

アメリカ産リンゴの広告（1920年）。広告制作者は意識していなかったのだろうが、リンゴ果樹園を開くために白人入植者がアメリカ先住民を強制退去させていたことを、図らずも気づかせてくれる。

るが、実際にはアップルシードよりずっと以前からアメリカ先住民と白人入植者がリンゴ栽培をしていたのである。S・A・ビーチは次のように述べている。

リンゴが一度導入されると、リンゴ栽培の普及はアメリカ開拓の進捗と並行して進展した。実際、最奥の白人居住地からさらに荒野の彼方へと先住民や商人、白人宣教師らがリンゴを運んだのである。サリバン少将は1779年の軍事遠征で先住民族のカユーガ族とセネカ族を掃討しその報告を残しているが、破壊した先住民の集落について記述するなかで頻繁に言及しているのが、果実をたわわにつけたモモとリンゴの果樹園についてだった。[16]

サリバンの軍事遠征は、革命戦争中にイギリスと同盟を組んだ先住民族に対する壊滅的反撃であり、ニューヨーク州西部の少なくとも40の集落のありとあらゆるものを焼き払う焦土作戦だった。なんとか生き残った先住民も果樹園や作物を失い、次の冬を乗り切ることはできなかった。そしてアメリカ拡張政策の時代になると、白人勢力に暴力的には略奪されなかったにしても、アメリカ先住民は仕方なく土地を明け渡さざるを得なくなっていった。近年、ノースカロライナでリンゴの伝統品種であるジュナラスカが再発見された。この名称はかつてのチェロキー族の酋長にちなんだものので、酋長は大好きなリンゴの木があることから政府へ土地売却を拒んでいた。結局政府はリンゴの木の代金として50ドルを上値せすることで酋長をなだめすかし、立ち退かせた。[17]

アメリカ先住民は作物を栽培するために土地をいくらかは開墾はしていたが、周囲にある猟場の森まで伐採することはなかった。しかし先住民が去った後、不動産会社は広大な地域を買い取り、入植者へ貸したり寄付したりし、開拓者には既存の森林を伐採させたあとで新たに果樹を植えさせ、会社は荒野の所有権は手放さなかった。[18]ジョニー・アップルシードの多くの伝説ではアップルシードがアメリカ先住民の友人だったように描かれているが、ケリガンは次のように指摘する。

その自覚があったかどうかはともかく、アップルシードはフロンティアへの定住を進めた多くの人たちと同じく、荒地に果樹を植えるために先住民部族の土地を改変し、その土地に依存していた人々を立ち退かせたのである。[19]

アップルシードは荒野を愛し町を嫌っていたが、彼の種苗園の多くは町になったのだから、皮肉なものだ。[20]

●リンゴと超越主義

19世紀のニューイングランドの風景ならどこにでも——そして時代精神のなかにも——リンゴがあった。イングランドの傑出した思想家、作家、講演者が繰り返しリンゴをシンボルとして用い、当時の哲学、宗教そして思想に花を咲かせた。最も有名な花は、超越主義の最先端で咲いた。超越主義とは人間と自然との霊的つながりを中核としてゆるやかに構成された信念の集合体だ。リンゴをアメリカ精神の象徴とした超越主義者はヘンリー・ソローだけではない。ラルフ・ワルド・エマーソンとヘンリー・ウォード・ビーチャーもリンゴをほめたたえ、祖国の誇りとまで持ち上げた。ソローの師であるエマーソンはリンゴを「祖国の果物」とよび、評価の高い牧師であり作家、演説家であったビーチャーもリンゴは「紛れもないアメリカの果物」と述べている。[21] 1864年にリンゴ生産が急上昇していたニューヨークで開催された「リンゴの政治経済」という講演では、ビーチャーはアメリカのリンゴを次のように絶賛した。

大きさや健全性、風味、光沢に関してアメリカのリンゴは一番で、群を抜いていることはヨーロッパでも認められていることだが……さらに、リンゴはアメリカ的存在であり……果物のなかでも……とりわけ真の民主的果物と言えるであろう。[22]

ところが皮肉なことに、ビーチャーのアメリカ産リンゴに関する主張の多くは、イギリスとヨーロッパでプロテスタントの感受性に響いたものとそっくりだった。ソローをはじめ多くの超越主義者がそうであったように、ビーチャーもひとりのプロテスタントであり、その倫理観はアメリカ的愛国主義によって育まれていたのである。

繁殖させるのは非常に容易……ご馳走というわけではなく消化に悪いわけでもない……もともと先住民のように丈夫で、雄ウシのように忍耐強く、ユダヤのラケルのように誠実で……要するに純粋な民主主義者であって、無視され虐待され、見捨てられても、自立してすばらしい実をつける。それこそわたしが民主的と言っている意味だ。さらに言えば、リンゴはこの大陸の経度緯度にかかわらずあらゆる地域で育つからこそ、民衆の木なのである。[23]

◉リンゴのみにあらず

アメリカ超越主義者のなかで誰よりリンゴと関わりが深かったのは『若草物語』の著者ルイーザ・メイ・オルコット（1832～1888）の父、ブロンソン・オルコット（1799～1888）だろう。今では同胞のソローやエマーソン、ビーチャーほど知られてはいないが、オルコットは超

フルーツランドの古いリンゴの木（マサチューセッツ州ハーヴァード、2013年）。リンゴを主な食料としたこのユートピア・コミュニティは失敗に終わった。

越主義者のサークルに属していた教育改革者で、ほとんど生涯をかけてリンゴをめぐる一風変わった冒険を先導した。１８４３年にリベラルな思想の持ち主という理由でボストンでの教員の職を失ったオルコットは、考え方が似ていたイギリス人のチャールズ・レインとともに、フルーツランドと名付けた小さなユートピア・コミュニティを立ち上げた。場所はボストン西部の農村地帯で、オルコットの妻と4人の娘も含めた16人のメンバーからなり、全員が生活を共にした質素な農家は、リンゴなどの果樹が点在する広大な畑で囲まれていた。

　オルコットとレインは物質的世界からの精神的な避難場所としてこの場所を選んだ。さらに、動物を食料や労働力として利用すれば、それは貧しい獣から搾取することになると考え、それらは用いずストイックに生きる計画を立てた。そういった彼らの倫理規則に完全にかなう数少ない食物が、リンゴとパンだった。こうした生活についてルイーザは後年、

『超越的なカラスムギ *Transcendental Wild Oats*』（1873年）でフルーツランドについて架空の楽しいお話として説明している。フルーツランドでは近所の人が食物を提供してくれても断った。「あらゆる場所で菜食主義の説教をし、肉食の誘惑を断った。ご馳走が並んだ食事会でもリンゴとパンだけを食べ、手厚くもてなしてくれる人の料理を非難しては困らせた[24]」

オルコットとレインの信念は、進歩的思想と、自己否定が純粋な精神につながるという清教徒的信念が結びついた風変わりなものだった。しかしフルーツランドの計画からもわかるように、彼らの魂の救済への探求が破綻することは当初から目に見えていた。オルコットもレインも土地で得られるものを食べて生きるという現実に対する準備がまったくできていなかったのである。

コミュニティが農家へ移動したのは夏のことで、越冬に必要な穀類や野菜の種をまくには遅すぎた。レインとアルコットは畑の準備はそっちのけで、コミュニティのメンバーを増やすため農場にはほとんど姿を見せず、オルコットの妻アバが、コミュニティの基本的な生活を維持するために奮闘していた。肉や牛乳、バターや卵、ウールも役畜も利用できないなかで、フルーツランドでただひとりの成人女性であるアバは、皮肉たっぷりに自分がコミュニティ唯一の役畜だと書き留めている[25]。

当時まだ11歳と小さかったが、ルイーザはフルーツランドの日記をつけ、自分の体験や父親が家族のために選択した生活への疑念を記録していた。ルイーザと父親の伝記『エデンからの追放者たち *Eden's Outcasts*』（2007年）の著者ジョン・マテソンが説明するように、ブロンソンは生きとし生けるものの権利を主張していたが「ルイーザは虫にかじられたリンゴが食卓にのぼると、父親が家族に仕向ける地上の安らぎとはこれほど気持ちが悪いものなのかと思った」[26]。

12月までに、アバは娘たちを連れてコミュニティを出て行く決断をした。一方オルコットはレインに励まされたこともあり、アバたちが去ってもフルーツランドにとどまることを真剣に考えたが、家族をとるか精神的目的を取るか葛藤するなかで重篤な鬱状態に陥り、食事さえ拒否し瀕死の状態となった。ようやく容態は回復し、オルコットは家族とともにフルーツランドを去った。コミュニティを立ち上げてからわずか7か月だった。

『超越的なカラスムギ』で、ルイーザはフルーツランドとエデンの園を対比させ、皮肉を込めて「フルーツランドは楽園を建設する試みだった……ヘビが入ってくることのない楽園を」〔創世記ではヘビがエバに禁断の果実を食べるようそそのかしたとされる〕と記している[27]。この短編の最後で、小説のなかの父は家族がこれで出ていくというときに突然声を上げ「『かわいそうなフルーツランド。こんな名前にしたのが最大の失敗だ』と〔父が〕しゃべり続けているうちに……霜にやられたリンゴが葉のない枝から父親の足元に落ち、父はため息をついた」。そんな父に母はこう答える。「アップル・スランプ〔「リンゴの落下」といった意味〕にしたほうがよかったかしらね、あなた[28]」。この家の名はニューイングランド地方の伝統的なリンゴのお菓子、アップル・スランプに引っ掛けた言葉遊びにもなっていた。小麦粉を練ったやわらかい生地の下に甘煮のリンゴが沈んでいる（スランプ）お菓子だ。ルイーザが新しいオルコット家の住まいにアップル・スランプという名をつけることを思いついたのは、小説『超越的なカラスムギ』を書くかなり以前のことだった。

オルコット一家はフルーツランドを去ってから貧困すれすれの数年間を過ごした後、超越主義運動の中心地であるマサチューセッツ州コンコードになんとか戻ることができた。敷地にはリンゴの木があり、ブロンソンはオーチャード・ハウスと名付けた。このアップル・スランプではフルーツランドとは打って変わって、オルコット家は幸運に恵まれることになる。ルイーザが大成功を収めた『若草物語』（1868～1869年）を執筆した場所であり、そのおかげで家族のその後の経済的状況が保証されることになったからだ。

オルコットの時代にアメリカで最も有名だった男はオルコットのライフスタイルとは正反対の人物だったが、やはりシンプルな食、特にリンゴとパンの信奉者だった。その男、ジョン・D・ロックフェラー（1839～1937）はスタンダード・オイルの創立者で、南北戦争終結から大恐慌までのいわゆる「金ピカ時代」の超大富豪のひとりだが、バプテスト派の教えを忠実に守り、享楽を許さず日々の食事の内容はオルコットと大して変わらなかった。朝食はパンとミルク、夕食には「リンゴ一袋」である。[29] ユージン・フィールドの詩「アップルパイとチーズ」（『西洋詩の小さな本 *A Little Book of Western Verse*』所収）では、リンゴがアメリカの健康食ともうたわれている。詩人は「先祖が食べてきた食べ物に忠節をつくす」と言い、この詩はアメリカ的ユーモアと、ヨーロッパ的味覚に対する恐怖感を組み合わせた風変わりなものになっている。

とても罪深い考えを
思いついたのは海外の列強たち
それが海を越えてやってきた

我々の土地に危害を及ぼしに
習慣という異端者は
慎み深さを捨て
悪意に満ちた恐怖の情熱が
我々本来の味覚を破壊する
なんとひどい時代　なんとひどい風習
なんという神への冒瀆か
アップルパイとチーズの
栄光を曇らせるとは
……
そんな習慣は愚か者たちにやらせておけ
異端に与する者たちに
しかし私は服を脱ぎ
毎晩跪《ひざまず》いて
神にお願いする
アップルパイとチーズを

チーズとアップルパイの取り合わせはイングランド西部地方の伝統食であることをフィールドは

フロリス・ファン・ダイク「果物のある静物」(1613年、油彩、カンヴァス)

知らなかったのだ。この地方はリンゴと乳牛とチェダーチーズで有名な土地柄でもある。[30]

小説家ヘンリー・ジェイムズ(1843～1916)もリンゴを使いヨーロッパとアメリカを対比させたが、ジェイムズの視点はコスモポリタン的だった。19世紀中頃にアメリカからヨーロッパへ移住し、数十年後にふたたびアメリカに戻ったある芸術家に関するエッセーのなかで、ジェイムズは自らの文化的再入国についても述べている。

リンゴを深く味わってきたアメリカ人という存在でありながら……ヨーロッパの生活でアメリカのリンゴをあきらめざるを得なくなった経験は、とても特別で興味深いものだった。硬くて丸く赤いことに変わりはない……それでもアメリカのリンゴとはまったくの別物であることは、同じ自分の歯が教えてくれる。[31]

海外で30年近くを過ごしてから1904年にアメリカへ戻ったジェイムズには、この「広大で未熟な商業的民主主義」への批判すべき点ばかりが目についた。[32] それでもニューイングランドで昔ながらのリンゴを栽培する果樹園の美しさにジェイムズは喜びと郷愁に包まれた。『アメリカ印象記』[『アメリカ古典文庫10』青木次生訳／研究社出版／1976年所収]（原書は1907年）は祖国に滞在した8か月の回想録だが、この果樹園のくだりはソローの超越主義者的抒情を彷彿とさせる詩的な描写になっている。

ニューイングランドのリンゴの木が果たしているのはイタリアにおけるオリーヴの木の役割で……あまりにも装いに乏しいこの土地の五月六月に、リンゴの木がそえるべき効果は容易に想像することができる。しかし、初秋におけるその役割は、さんご色と金色とをまき散らすことにある。いたるところ、あらゆる草地あらゆる古い開拓地で、リンゴの木は果樹園をなしているが、手入れが行き届かないために「野生化」し、値が安いために矮小化しており、人は足元からその実を拾い上げても、おつき合いにかじってみるだけで、投げ捨ててしまう。とはいえ青空を背景に若々しく輝いて見えるときには、ニューイングランドのリンゴはふしくれだらけの幹にからまりついた不思議な色の真珠の首飾りを思わせ、眺め愛でる人もない場所にしばらくのあいだ色あざやかに鈴なりに実っているときには、陽気な羊飼いと麦笛によってのみ誉めたたえられることを求めているかに見える[33]［前掲の青木訳より引用］。

ジョージア・オキーフ「アップル・ファミリーIII」（1921年、油彩、カンヴァス）

◉リンゴ熱

20世紀初頭の有名なアメリカ人芸術家ふたり、画家のジョージア・オキーフと写真家アルフレッド・スティーグリッツの創作人生の幕間にも重要な存在としてリンゴが登場する。1918年から1934年の夏から秋にかけて毎年ふたりはニューヨークの都会を離れ、ニューヨーク州アディロンダック山地のレイク・ジョージにあるスティーグリッツ家の別荘で過ごした。1921年は古いリンゴ果樹園が大豊作で、スティーグリッツはオキーフが「リンゴ熱」にかかったと友人に伝えている。[34] オキーフは名声を得た抽象的作品から具象表現に戻ると15点ほどのリンゴの絵を描いているが、その画風は伝統的な静物画からは逸脱していた。オキーフは芸術について「リアリズムほどリアルでないものはない」と言ったことはよく知られているが、彼女にとってリンゴはリンゴ以上の存在だった。[35]

オキーフの絵の中のリンゴは、庭先や台所のテーブルといった見なれた場所に置かれているのではなく、リアルなディテールもない。複数のリンゴがまとまりとして、また個別のリンゴとして皿の上に浮いていて、そのリアリティを極度に強調した表現には画家個人のリンゴに対する反応が映し込まれている。[36]

同じ頃（1921～1922）スティーグリッツが制作した写真16点の連作は、リンゴをアメリカ芸術と思想の象徴として表現して異彩を放っている。オキーフが木の枝やリンゴの入った大きなボールでポーズを取っている写真も数枚ある。スティーグリッツはニューヨーク市にある自分のギャラリーでオキーフの作品を広く紹介していて、オキーフのことをヨーロッパ芸術ではなく故国から得たインスピレーションを表現する真のアメリカの芸術家と見ていた。この連作写真には社会と文学の批評家ワルド・フランクも登場し、リンゴを用いてアメリカの現状に関する批評家の考えを伝えている。フランクはレイク・ジョージの別荘のポーチに座り、かじりかけのリンゴを3つ持っていて、半分食べかけのリンゴがふたつ床に置いてある。

第一次世界大戦でヨーロッパが惨状にみまわれた後の1919年、『アメリカ　*Our America*』を出版したフランクは、同世代のアメリカ人芸術家がヨーロッパ的遺産とは独立してアメリカ精神を再生することを確信していた。スティーグリッツが撮ったフランクの写真について、撮った本人はフランクの「アップル・ポートレイト」だと言っているが、この写真の含意は、フランクがアメリカの秘められた精神性を明らかにするために、「アメリカの経験」という果実にかじりついたということだろう。[37]

スティーグリッツのサークルに所属する多くの芸術家や作家にとって、リンゴはアメリカの象徴だった。文学と音楽の批評家ポール・ローゼンフェルトはアメリカを「リンゴの豊饒な地……地上の楽園」だと言った。[38] しかしこうした象徴的表現のすべてがリンゴに肯定的だったわけではない。詩人のウィリアム・カーロス・ウィリアムズは、アメリカをコロンブスを待ち受けていた「苦くて毒のあるリンゴ」と表現した。[39] ハート・クレインにとっては、芸術家の手にあるリンゴは、強力な創造力が発揮される瞬間の表現ということになる。画家ウィリアム・ソマーに捧げた詩「日曜の朝のリンゴ Sunday Morning Apples」（1927年）で、クレインは次のように表現している。

あなたに秘密を告げるリンゴが見えた
愛しいリンゴは季節の狂気
あなたの創造に空からワインを注ぐ
水差しの脇にナイフを添えてリンゴを置き
完璧なバランスで配置すれば爆発準備完了
リンゴ、ビル「ソマー自身」、リンゴ！

20世紀で最も有名なアメリカの詩人のひとり、ロバート・フロストの作品もリンゴを題材としたものが多いが、フロストはニューイングランドの熱心なリンゴ栽培家でもあった。樹木はフロストの詩に遍在するイメージのひとつだ。さまざまな樹木を取り上げているが、お気に入りはやはりリンゴだった。フロストのリンゴの詩からはどこかの果樹園にいるかのような夢幻の感覚が伝わってくる。1936年発表の「収穫されぬよう Unharvested」（『遥かな山並 *A Further Range*』所収）でフロストは「壁の向こうから熟れた匂い」と語り始め、それから「地面には赤一色の円ができている」ことに気づく。またフロストの有名な詩のひとつ「林檎もぎのあとで After Apple Picking」（『ディキンソン・フロスト・サンドバーグ詩集（世界詩人全集12）』安藤一郎訳／新潮社所収）（原書1915年）では、「そして貯蔵箱からはたえずごろごろと大きな響きを立てて次々と荷車からあけられる林檎の音」が聞こえてくる［同書より引用］。

1920年、フロストはニューハンプシャー州北部からリンゴ栽培に適した気候のヴァーモント州南部へ引っ越すことを決心する。当時友人に宛てた手紙でフロストは、「禁断の品種ではないリンゴの木を千本植えて新しいエデンの園を作るつもりだ」と書いている。[40] のちにフロストは、リンゴ栽培が詩人向きの職業であることに気づく。「根を張りしっかり立っているリンゴの木なら1本で、1年間にわたしが体を動かし芸術活動であげる収入以上の稼ぎになる」。[41] しかしフロストは詩の創作と講義に追われ農作業にはほとんど手がまわらなかったため、実際に果樹園の世話をしていたのは彼の息子だった。それでもフロストは年老いてもリンゴ栽培に飽きることはなかった。83歳のとき、ヴァーモント州の新しい家に植えるリンゴの接ぎ穂の注文で、種苗店に次のように返信している。「あなたからの手紙でわたしは冬眠中も春の夢を見ることができます。わたしは何よりリンゴのことを考えるのが好きなのです」[42]

◉大きいことはいいことだ？

アメリカの超越主義者、芸術家、詩人がリンゴの美しさと純粋さ、その霊的本質に熱中していた一方で、アメリカのリンゴ栽培業界はまさしく巨大化へ向かっていた。実生栽培をしていたことが幸いして、育苗家と栽培家にとってアメリカ産リンゴには明らかな強みがあった。接ぎ木が中心だったヨーロッパのリンゴとくらべると、アメリカ産リンゴはその遺伝的多様性がはるかに大きいのだ。アメリカのリンゴの木は種を一粒ずつ植えていったわけではない。ジョニー・アップルシードのように、19世紀の多くの農民はリンゴ酒の搾りかすを植えていた。このねばねばする搾りかすひとつの塊には数千もの種子が含まれている。無限の遺伝的可能性を秘めた大量の実生苗木が芽を出すと、リンゴの木は実に多様な土壌と地形を誇る広大なアメリカのあちこちで成長し、子孫を残すことができた。20世紀初頭の園芸家は遺伝子の科学について知る由もなかったが、S・A・ビーチが1905年に説明しているように、彼らにもわかっていたことはあった。

リンゴの実生苗木はばらつきが大きい——これこそが最も価値のある特徴だ。特に新世界でうまく適応する品種の開発を他の技術よりもずっと早く進めることができた。[43]

こうした厖大な遺伝資源に恵まれるなかで、アメリカのリンゴ育苗家はついに最も重要で、世界市場で最も評価が高い品種であるレッドデリシャスやゴールデンデリシャス、マッキントッシュ、そしてジョナサンを生み出し、さらにこれらの品種をもとにして新たに優れた交配種を生み出した。[44]
1920年代、リンゴ栽培に好都合な気候と土壌の条件が揃ったワシントン州で、レッドデリシャスとゴールデンデリシャスなどの人気のある栽培品種が広範囲に植えられた。第二次世界大戦が終結すると、ワシントン州のスタークブラザーズなど種苗園の営業担当者がレッドデリシャスの最初の宣伝係となって農家をまわり歩き始めた。古い果樹園のリンゴの木に接ぎ木をするのとくらべると、豪華なカラー・カタログで苗木を注文するほうがよほど簡単だった。[45] 近代的な輸送手段と貯蔵施設によって、大きな種苗園や果樹園では苗木や果実をほとんどあらゆる場所に出荷できた。ワシントン州はニューヨークを抜いて国内最大のリンゴ産地となり、アメリカを世界最大のリンゴ生産国へと押し上げた。ニューヨークの俳優たちの間ではブロードウェイの看板に自分の名前が出て一旗あげることを「ビッグアップルを味わう taking a bite out of the Big Apple」と表現した。
しかし現在のアメリカのリンゴ業界にとって、この言いまわしにはまったく別の意味合いが出てくる。1990年代以降になると、徐々にオーストラリアやニュージーランド、チリ、南アフリカ、そしてどこよりも中国の栽培農家が積極的にリンゴ市場に参入するようになってきた。こうした国々はアメリカ産品種を交配した新たな品種を世界中に輸出し、今や「アメリカン・アップルを食い尽くす taking a big bite out of the American apple」勢いだ。

第6章 リンゴ礼賛

リンゴは中央アジアの森を旅立ちヨーロッパを横断し北アメリカへいたる旅のなかで、おそらく他のどんな食用の植物よりも深く西洋文化に取り込まれた。分類学上近縁であるバラと同じように、リンゴにも神話と宗教の心理的作用が染み込んでいる。リンゴは農業や芸術、そして日常生活の格言にも定着した。聖書もリンゴへの言及が多く、エデンの園の物語や雅歌（ソロモンの雅歌）の有名な一節「リンゴでわたしを元気づけてください」などは最もよく知られている。こうした一節に現れる「リンゴ」は、中東の気候条件のもとで当時生育していた他の果実の可能性が高いと考える研究者も多く、旧約と新約聖書に出てくるユリについても植物学者はあらゆる花を指しているのだろうと指摘している。聖書の「リンゴ」は、時代を経て今日わたしたちにも馴染み深いイメージへと変化したのである。何世紀も前になるが、エデンの園の絵画が大量に描かれた時代があった。たいてい魅惑的な赤で描かれた果実、紛れもなくリンゴを思わせる果実をアダムとエバが食べる運命的瞬間が描写されていて、こうした多くの絵画のイメージが大衆の心に焼き付いた。

忘れられないリンゴのイメージといえばドイツルネサンス期の画家ルカス・クラナーハ（父）による「アダムとエバ」（１５２６年）だ。クラナーハはマルチン・ルターの宗教改革の信奉者でもあり、厳格な聖書信仰者だった。堕罪直前の瞬間を描写したクラナーハのエデンの園は楽園そのものの姿で、知恵の木の枝のことごとくには綺麗な球形をした色あざやかな赤いリンゴがぶら下がっている。また、聖母子の絵画には「リンゴの木の下の聖母」（１５２５年頃）や「リンゴの木の下の聖母子」（１５３０年頃）など、リンゴを際立たせた作品もある。

さらに初期のキリスト教芸術の事例でも、リンゴは象徴的に表現されている。ウェストミンスター寺院にある、幼少時代のイエスを肩にのせて川を渡る聖クリストフォロスを描いた壁画（１２７０～１３００年頃）は、よく知られている物語のイメージとは異なっている。普通なら聖人の肩に乗るキリストは、世界を意味する十字架のついた球体（宝珠）を持ち、それが聖人の肩に重くのしかかるところだが、この壁画のキリストは、エデンの園の物語に由来する世界の罪つまり原罪を象徴するリンゴを持っている。[1]

リンゴは初期ルネサンスの聖母子の数多くの絵画や彫像では、リンゴがキリスト教徒の贖罪の約束を象徴するものとなっている。ドイツ、バイエルン州のシオン修道院には彩色木彫「シオンの聖母」（１４５０年頃）があり、聖母は片腕に幼いキリストを抱き、他方の手で赤いリンゴを持っている。ルカ・デッラ・ロッビアによる施釉テラコッタ製彫像「林檎の聖母」（１４４０～１４８０年頃）では、幼少のキリストがやはりリンゴを握っている。またバルトロメ・ムリーリョの絵画「幼児のキリストと洗礼者ヨハネ」（１６５５～１６６０年頃）は歩きはじめたばかりの幼児のキリス

ルカス・クラナーハ（父）「リンゴの木の下の聖母子」（1520～1526）。幼児の手にはリンゴを持たせているのは、原罪を犯した人間の贖いの約束を象徴している。もう一方の手にあるパンの皮は聖体を意味する。

現在のオランダ、デンボス近郊にあるビルギッタ女子修道会による『楽園の聖家族』(1459～1505頃)。手彩色の木版画。エデンの園の禁断の果実とは違い、ここではリンゴが長閑な生活のひとコマに豊かな存在として描かれている。

トとヨハネが抱き合う無垢な情景が描かれ、幼児の足元には黄色いリンゴが転がっている。

●とっておきのスイーツ

リンゴが育つ多くの地域では何らかの形でリンゴをその地名に残してきた。たとえばカザフスタンのアルマトゥ(「リンゴの父」。英語読みでアルマティ)をはじめ、イギリスや北アメリカにはアップルトン、アップルフォード、アップルビーといった地名が数多く存在する。ローマ帝国がブリテン島から去ったあと、アングル、ジュート、サクソンの3つの民族の侵略による混乱のなかでローマの園芸は消滅したが、アプリーやアップルビー、アップルフォードのように、リンゴは村落や町の接頭辞としてイギリスに残された。[2]

こうした地名からわかるのは、その場所がかつてローマ人が植えた甘いリンゴの果樹園の名残で、のちの所有者に大切にされたということだ。アーサー王物語の舞台とされる伝説の島アヴァロンも甘いリンゴが育つ場所だった可能性が高い。砂糖がなかった時代、またその供給が不足した時代には、必ずこのリンゴが秘蔵の甘み味として用いられた。

18世紀のアメリカの入植者は、たいていリンゴの果樹園を作ってから家を建てた。種を植えてもその労働の実りは何年か後にしか味わえないが、1800年にオハイオ州のひとりの入植者が記したように、リンゴの木には実がなるまで待つだけの価値があった。当時必死に頑張っていた大部分の農民と同じように、この入植者の家族もその土地で得られるものなら何でも食べて生きていた。主食はターニップやドングリだ。モモの木は実生苗で植えるとリンゴの木よりずっと早く実をつけ

リンゴ摘みのようすが、金で縁取りした水晶に宝石をちりばめた箱に描かれている。1765年頃。ドレスデン。リンゴの部分はガーネット、カーネリアン、ピンクサファイアが埋め込まれている。

るようになり、なかなかの甘さがあった。しかしリンゴはもっと素晴らしいご馳走だった。「地主の果樹園でモモの実摘みの作業を1日すると、労賃としてたくさんリンゴがもらえた。そのリンゴは特別な食事のために取っておいた。まるで黄金の種子でも入っているかのように大切にした」[3]

砂糖が安くなり手に入れやすくなると、デザート用の焼きリンゴは、特にイングランドの人々にとって、はるかに甘く心惹かれるお菓子《スイーツ》になった。18世紀、西インド諸島のイギリス植民地が砂糖を大量に生産して安価になったことで、リンゴのデザートは大人気となった。[4]それまでは何世紀もの間プディングやパイ、タルト、カスタードがイギリス料理の定番だったが、果物に甘みをつけるという革新的下ごしらえを施したペストリーやパンケーキ、ダンプリング、フリッターなどの創作料理がイギリスの甘党をさらに甘やかすことになった。たとえばイヴズ・プディングというお菓子《スイーツ》は卵と砂糖、小麦粉を混ぜ合わせた軽いスポンジ生地を甘煮にしたリンゴの上にかけてオーブンで焼いたもの。[5] リンゴの甘煮に卵白を泡立てたメレンゲを載せたものはアップル・スノウというお菓子になる。

砂糖貿易で富を得たヴィクトリア朝時代の人々は豪勢なデザートを楽しんだ。アップル・ア・ラ・ポルチュゲーズ（リンゴのポルトガル風）はリンゴのマーマレードを詰めたペストリーだ。スライスしたリンゴをドームのように盛り、さらにメレンゲを被せ、これを焼いた後で仕上げにレッドカラントとリンゴのゼリーを帯状に飾る。[6] イングランドの調理用リンゴは実がしっかりしていて甘すぎず、焼き菓子用の果実として好まれ、食通のエドワード・バニヤードが1937年に面白おかしく説明しているように「最高のイングランド産リンゴというものは長い訓練によってパイの中でどう振る舞うべきかを心得ていて、とろけてもびちゃびちゃにならず、確かな存在感はあるがでしゃばることはない」[7]。今でもイングランドの市場では調理用リンゴは人気者だ。

●リンゴつながり

トーマス・ジェファーソンとシャーロット王妃、ウラジミール・レーニンの間に共通する点があったとすれば、それは風味のいいリンゴが大好きだったということだろう。ジェファーソン（1743〜1826）はリンゴの目利きだったが、アメリカ人がたいていそうであるように、国産りんごが最高だと思っていた。1780年代にフランス公使を務めたのだから豪華なフランス料理も味わったのだろうが、パリから故郷の友人への手紙では「こちらにはニュータウン・ピピンに匹敵するようなリンゴがない」と愚痴をこぼしている。[8]

ジェファーソンと同世代のシャーロット王妃（1744〜1818）は、アメリカ独立戦争の不倶戴天の敵ジョージ3世の妻で、熱心な園芸家で新しい品種のリンゴに自分の名をつけてもいる。王妃はとりわけ体格が良かったが、何よりアップル・シャーロットという料理にその名を残している。この伝統的なイギリスのプディングは甘いリンゴをパンで包んで焼いたお菓子で、普通はブラムリという品種のリンゴと砂糖、バター、マーマレード、それに古くて固くなったパンで作り、有名なフランス人シェフのマリー・アントワーヌ・カレームが考案したレシピと言われている。カレームはジョージ3世が心の病に苦しんでいるあいだ摂政皇太子につかえていて、もちろんこのプディングの名は王妃を称えたものだ。

一方ロシア共産主義の父も、シャーロット王妃と同じくリンゴのデザートには目がなく、おそらく古いパンを使う点も賛成したことだろう。ただしレーニンの場合、確かにイデオロギー的には節約家だったが、実はパンではなくケーキでリンゴを包むのが好みだった。ロシア生まれのフードライター、アーニャ・フォン・ブレムゼンは、1960年代のソヴィエト時代のロシアで育った記憶から「ソヴィエトの子供たちは誰でもレーニンがアップルケーキが大好きなのを知っていた」と回想する。ところがアーニャは、レーニンがリンゴ好きだったという楽しい逸話も、ソヴィエト道徳教育のおかげで不快なものになってしまった。

さらにわたしたちが教わるのは、母親がケーキを焼いてくれた後、幼少のレーニンが内緒でリンゴの皮を貪るように食べたこと、そしてこの悪い行為を潔く白状したことだ。レーニンは勇気を出して母親にそのことを打ち明けた。それこそが道徳的な行いだとわたしたちは教えられた。そしてこの教えに従って、みなレーニンのように正直に生きることを求められた。[9]

このレーニンの逸話は、果樹を題材にした他国の道徳のお話とそっくりだ。アメリカの子供たちなら誰でもよく知っている話で、若い頃のジョージ・ワシントンは父親が育てていたサクランボの木を切り倒し、その後「お父さん、わたしには嘘はつけません。わたしが木を倒しました」と告白したというお話だ。どちらの逸話も国家的神話となるわけだが、実はその神話からよくわかることは実際に起きた事実ではなく、当時の文化的状況についてだ。ワシントンの話が誠実さと謙虚さの比喩として普及したのは19世紀のことだった。一方レーニンの物語も同じメッセージを伝えているわけだが、リンゴの皮の話は厳しい現実についても伝えている。果物がいつでも手に入る国なら、子供が内緒でリンゴの皮を貪る話は意外だっただろうし、豊かな家庭で育ったレーニンにとっても驚きだっただろう。しかし食料不足だったソヴィエト時代には、リンゴの皮でさえ食べずにいられなかったのだ。

●ライバルたち

19世紀末にヘンリー・ウォード・ビーチャーらがアメリカは最高のリンゴを生産していると主張

すると、イギリスも負けずに応酬した。19世紀末から20世紀初頭にかけて、アメリカやフランスさらにイギリス連邦であるカナダ、オーストラリア、ニュージーランド、南アフリカからの輸入リンゴに包囲され、イングランドのリンゴ栽培農家は悲惨なほどの損害を被っていた。当時のイングランド産リンゴはその大部分が小規模農家や大邸宅の庭園で栽培され、輸入リンゴとくらべると見た目が悪く、長期保存にも向いていなかった。またイングランドの生産者が大規模商業経営の後を追おうとしても、冷涼で湿った気候のため、市場で流行している新品種の栽培は困難だった。それでもアメリカのリンゴ愛好家の主張に対し、イギリスも最大の競争相手に向け自国産リンゴについて愛国心を込め強気な主張をした。1881年、ある育苗家は「大衆は近いうちに、色は鮮やとはいえパサパサで味気ないアメリカ産リンゴと、フレッシュな国産リンゴの違いに気がつくようになる」と書いている。[10] この育苗家をはじめイングランドの園芸家たちは、リンゴ栽培農家に対して各農家で一番の品種に重点を置いて栽培し、イングランド大衆への販売を促進するよう強く訴えた。

それからの数十年間、大西洋の両岸ではリンゴ愛好家らの奮闘が続いた。イギリスでは組織力で上まわる競争相手に追いつこうと、王立園芸協会（RHS: Royal Horticultural Society）や果物商名誉組合（Worshipful Compani of Fruiteres）といった団体の専門家が「国産果物十字軍」に乗り出した。イングランド産の品種の全目録を編纂するため、全国から支援を募り、1883年の全国リンゴ会議（National Apple Congress）を皮切りに一連の全国博覧会でイギリス各地のリンゴを展示した。王立園芸協会の庭園では1500以上に及ぶ品種の国産リンゴを植え、圧巻の景観を構成した。当時の園芸雑誌の記事は、「見学を希望する人たちの便宜をはかるため、展示期間を予定より

1925年、全国リンゴ週間を祝う。あるワシントン州孤児院にて。ブームに乗るアメリカリンゴ産業ではあらゆる手を尽くしてリンゴの販促を展開した。

全国リンゴ週間のウォルター・リード陸軍病院。ワシントンDC。1925年。

ジョージア州コーネリアのリンゴの記念碑（1936年）。1925年に建設さたこの巨大なモニュメントはコーネリアに新しく生まれたリンゴ産業に敬意を表す意味があった。地元の伝統産業である綿花が不作となり、リンゴ産業がこの町を破綻から救った。

1週間延長しなければならなかった」と伝えている。[11]

イギリスのリンゴ果樹園は規模も売り上げも増加したが、アメリカのリンゴ生産は他を引き離し、同国の業界も販売促進キャンペーンで全国の果樹園に支援を求めた。1920年代の写真をみると、車椅子に乗った第一次世界大戦の退役軍人や孤児院の子供たちが樽入りのリンゴを置いたり、リンゴの横断幕をもったりしてポーズをとっている。ワシントン州ヤキマヴァレーは同州のリンゴ生産の中心地で、「世界最大のアップルパイ」を作るためにパン職人が集められ、直径3メートルの平鍋に約1800リットルのリンゴが投入された（この伝統はカリフォルニア州パラダイスで現在も続いている）。これも全国リンゴ週間の一環で、リンゴ生産者が全国へ販促を展開するために立案、運営された。

1920年代に綿花生産がワタミハナゾウム

シによる壊滅的被害を受けると、ジョージア州の農民はリンゴ栽培に転換した。1925年、その成功に感激した果樹農家はコーネリアの町に巨大なリンゴの記念碑を設置している。高さ約2メートル周囲約7メートルの彩色された鋼鉄とコンクリートで作られたリンゴが、さらに高さ2・5メートルの台座に載せられてそびえ立つ。今でこそリンゴは主要作物ではなくなったが、コーネリアは現在も「ビッグ・レッド・アップルの町」として知られる。

現在、イングランドのリンゴ生産者は、ほとんどのアメリカ品種はイングランドの気候のせいで栽培できないことはあっさり認める一方で、19世紀のリンゴ農家と同じように、多くの果樹農家は量より質を大切にして生産していることを自負する。1990年に立ち上げられたイングリッシュ・アップルズ&ペアーズという生産者組合も次のように断言する。

極端な気温の変化がなく、ちょうどよい降雨のおかげで、国内のリンゴは比較的ゆっくりと成長し、その分風味が豊かになる……イギリスで栽培されるリンゴは味と風味において他の追随を許さない。[12]

1929年に「このリンゴほどイングランド人の味覚に合う果物はない」と述べていたエドワード・バニヤードは、トーマス・ジェファーソンがいたとすればニュータウン・ピピンの価値について嬉しげに挑発していただろう。「ああ、イギリスがいたのでは、アメリカはわずかな改良もできないのか。わたしたちのほうに清教徒の慎ましさが欠けているということなのだろうか[13]」

◉リンゴは人を映す

コーポレート・ブランディングの時代になるまで、多くのリンゴ生産者は自ら生み出した品種が誰が作ったものかすぐにわかるように、自分の名前をつけていた。よく普及しているマッキントッシュという品種はジョン・マッキントッシュの名をつけたもので、マッキントッシュが1811年にカナダのオンタリオ州にある自分の農場で実生苗として発見した。マッキントッシュ本人よりリンゴのほうが非常に有名になり、今ではたいていマッキントッシュ姓の一般的なニックネームで「マックス」と呼ばれている。有名なジョナサンという品種については19世紀初頭のアメリカのいくつかの地域が起源に挙げられている。しかしそれがオハイオ州のジョナサン・ヒグリーにちなんだ品種名なのか、あるいはニューヨークのジョナサン・ハズブラックなのか、あるいはまた別のリンゴ生産者なのかもしれないが、ともかく発見者がジョナサンという名であったことははっきりしている。

イングランドの最も有名なデザート用のリンゴ、コックスズ・オレンジ・ピピンは1825年にリチャード・コックスによって初めて栽培された。バッキンガムシャーの醸造家で園芸家でもあったコックスの名は他にもチェリー・コックス、クリムゾン・コックス、クイーン・コックスなど別の系統のリンゴ品種の名にもなっている。最もよく知られているオーストラリアのリンゴ、グラニースミスは19世紀中頃にマリア・アン・スミスによって広められ、このリンゴの名は晩年にマリアが「グラニー」と呼ばれていたことにちなんでいる。この品種はのちの複数の生産者を通して有名になったのだが、グラニーの名はそのまま残された。

一方でベン・デイヴィスというリンゴは、19世紀初頭に初めてこの品種を育てたケンタッキーの男にちなんだ名だったが、その名が残ることはなかった。ボールドウィンやハリソンズ（人気の高いサイダー用のアメリカ産リンゴ）とともに、あまりぱっとしない名前のリンゴは、有名品種の影になり市場から静かに姿を消していったのである。

リンゴに生産者の名をつける習慣は、19世紀末にミズーリ州のスターク・ブラザーズ種苗が同社で最も有名になったリンゴの発表を機に下火になった。1893年に開催された品評会で、スターク・ブラザーズ種苗の社長クラレンス・スタークは、低迷していたベン・デイヴィスというリンゴに代わる品種を求めて、アイオワ州の生産者が出品したホークアイという品種をテイスティングした。スタークはこのリンゴに大きな感銘を受け、ホークアイの権利を買い取り、完璧な受賞リンゴのために用意しておいたとっておきの名、デリシャスと命名した。

商品名をスタークズ・デリシャスとして売り出したが、彼がゴールデン・デリシャスと名付けたウェストヴァージニアのリンゴの権利を手に入れた後であったことから、最終的に自分の名は外すことにした。スターク・ブラザーズ種苗のデリシャスはレッドデリシャスとなり、ワインサップやハニークリスプ（ハニークランチ）、キングラシャスといった新世代のリンゴも増え、生産者の名にこだわらない品種独自の名で売り出されるようになった。

レッドデリシャスは全体が一様に赤いリンゴになるが、その原種にあたるホークアイというリンゴは全体的に赤味がかった地色に黄色い縞模様が入るものだった。19世紀のリンゴは複雑な色合いで、それに魅了された多くの芸術家と作家は、他の果物にはないリンゴの「外観」を人間に近い感

ポール・セザンヌ「リンゴとオレンジ Pommes et oranges」(1899年頃)

覚でとらえていた。ある作家は「リンゴは……果樹だけでなく、あらゆる花木のなかで最も魅力的な存在である」とし、それは「人間の頬の輪郭とそっくりだからだ」と述べている。[14]

自然と人間の密接なつながりを感じとっていたヘンリー・ソローは、リンゴが見せるさまざまな色彩を、「自然の一般的な面」を反映していると表現した。[15]モダニズムの熱烈な信奉者であるC・J・ブリエは著書『リンゴと聖母 *Apples and Madonnas*』(1930年)で、セザンヌのリンゴはルネサンスの画家たちが描いた人間の肖像画よりずっと表情が豊かだと述べ、「彼が描くリンゴは自然の作用にも似たある種の本質的な力によって表現され、荒削りでゴツゴツしているが、それによってリンゴの存在感が際立ち、ラファエロが描く聖母の頭部をもしのぐ」と評した。[16]また屈指の美術史家マイヤー・シャピロも『ポール・セザンヌ *Paul Cézanne*』（1988年）で、セザンヌの最も有名なリンゴの絵画「リンゴの籠のある静物」（1890～1894年）を人間の肖像画と同等の偉業とし、「30以上のリンゴの彩色パターンはそれ以上単純化が不可能なところまで還元しつつ非常に複雑な表情を見せ、リンゴひとつひとつが並外れた絵画作品となっていて、それぞれが個性を感じさせる[17]」

日本では長年にわたりリンゴそのものが芸術的作品である。その特異な職人技は、盆栽を生み出す日本人のひたむきさにも通じる丹精込めた作業で、大きくて完璧で他の果物には類を見ない色合いを持つ芸術的なリンゴを生みだしている。このリンゴの作り方は19世紀に発展し、現在も続けられている。

その過程はリンゴ農家の摘果作業に始まる。一本のリンゴの木には平均4000個の花がつくが、一塊になった花の中央にある花だけを残すようにして200個まで減らす。そしてリンゴの実ができ始めたらすぐ二層構造の袋で実に袋がけをし、袋にはひだをつけて果実が育つ余地を残す。こうすることで平均より30パーセントも大きいリンゴになる。袋は針金でとめ、3か月以上そのままにして太陽光を遮断し、リンゴをクリーム色に保つ。その後内側の透明なロウ紙は残して、不透明な外側の袋だけ取り外す。ロウ紙には赤や緑、水色、濃い青などがあって、その色がリンゴの最終的な色付きに影響する。10日ほどでこのロウ紙も外す。

それからひとつひとつのリンゴに太陽光がたっぷり当たるようにさらに途方もない作業が続く。枝を剪定し、葉を落とし、地面には反射マットを敷いてリンゴの下面も色づくようにし、均一に色づくようにリンゴの実ひとつひとつを何度か回転させて向きを変える。果柄《かへい》を折らずにリンゴの向きを変えるのは根気のいる作業で、果柄をひとつずつにゴムバンドを巻いてそのバンドを引っ張って近くの枝にくくりつける。

仕上げとして陽光が当たる間に型抜き（ステンシル）を当てて皮の上にデザインやメッセージを浮き出させる場合もある。ある日本の人気歌手は自分の顔を型にしたステンシルを使ったリンゴを個人的な贈答品としている。これらの作業をこなすために果樹農家は数え切れないほど梯子の登り降りを繰り返さなければならない。しかしこうした努力が実を結び、リンゴはおいしく、しかも美しく、グルメ芸術作品としてプレミアがつく。高級な箱に詰められたリンゴの芸術作品は1万6000円にもなる。[18]

●リンゴへの敬意

リンゴは実がなっていなくても木そのものの姿が美しいとされ、花が咲き大きく成長すれば誰もが愛でる数少ない果樹のひとつだ。16世紀の初め、詩人で芸術のパトロンでもあったムガール帝国皇帝バーブルは、中央アジアに手の込んだ果樹の庭園を所有し、そのなかの非常に美しい1本のリンゴの木について次のように日誌に記している。「このリンゴをうまく描こうとしても、リンゴの木そのものに匹敵する絵描きはいない」[19]。イングランドの美術評論家ジョン・ラスキンは、リンゴの花には普通の花とは「別格の美しさ」があるととらえ、19世紀半ばに彼が次のように宣言すると、多くの画家の間で「リンゴの花ブーム」が巻き起こった。

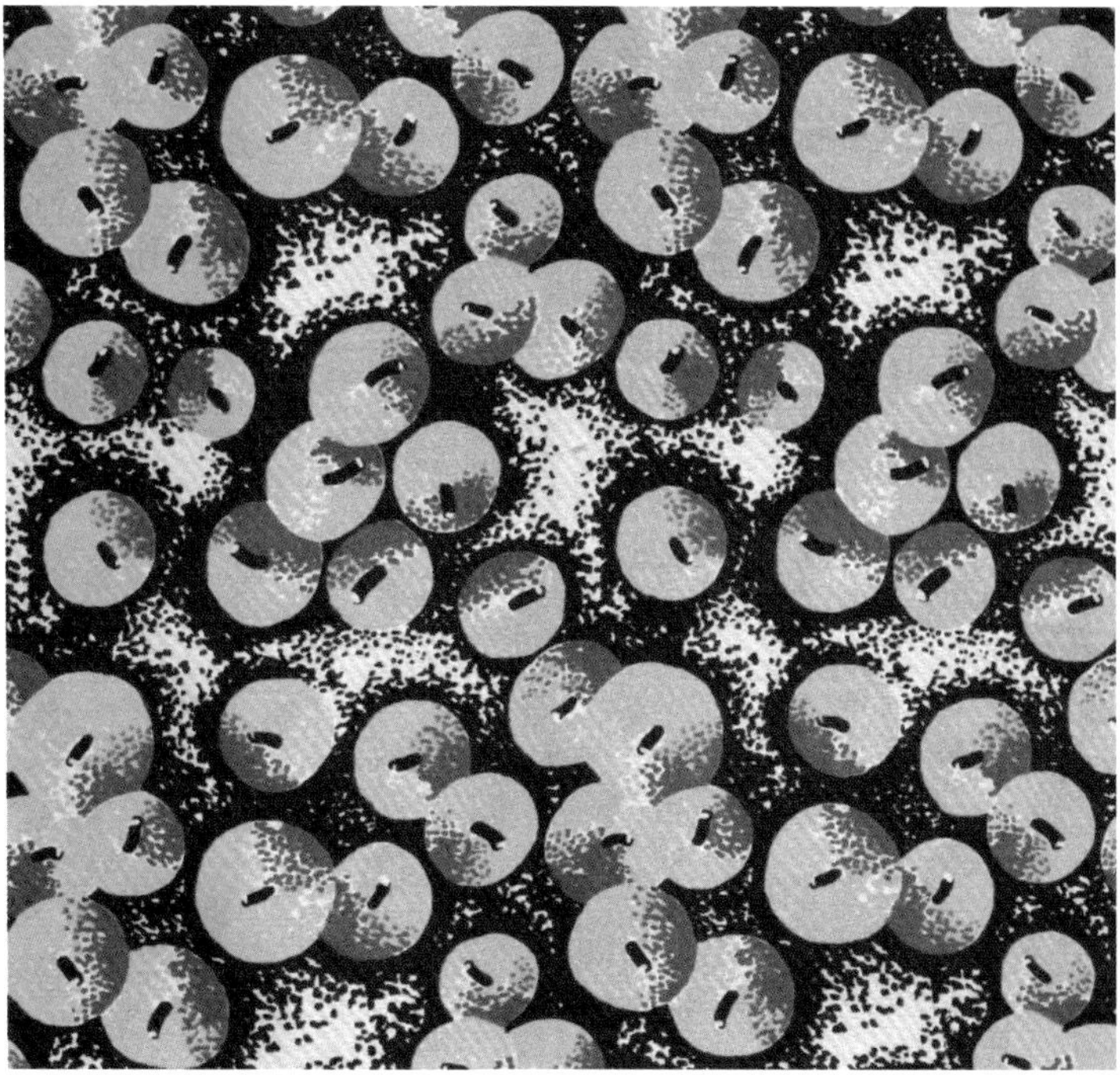

たくさんのリンゴを印刷したシルク製布地。スティーリー・シルクス・コーポレーション（1930年頃）。リンゴはデザイナーのアイデアを刺激し、馴染みあるイメージが新たに多彩なパターンで表現された。

花を見るのに最も美しい位置は、まさに花が一番自然に見える位置であり……空を背景に木が花を咲かせる姿が見える位置だとわたしは思う。木が成長してリンゴの花が咲けば当然画家は感動し、鈴なりに花をつけた枝張りを描き、ひとつひとつのつぼみと花びらの間からは真っ青な空が覗く。[20]

19世紀の他の作家たちもやはりリンゴの花の美しさに心揺さぶられていた。「5月はまさに花の月だが、花の頂点、栄光の地位にあるのがリンゴの木だ」とビーチャーは言う。[21] さらに哲学的なラルフ・ワルド・エマーソンでさえ、リンゴについて「アメリカの太陽は緑の葉に佇む真っ赤な球体に自らを表現する」と抒情的になる。[22]

第二次世界大戦中の1941年、女性コーラスグループのアンドルー・シスターズが録音した「アップル・ブロッサム・タイム」を聴いたアメリカの兵士たちは、花咲くリンゴの木に望郷の思いを募らせた。この歌は1920年に作詩され、戦時中は「リンゴの花咲く頃に会おう」というコーラスが希望のリフレインとして人々の心に響いた。野生のリンゴの木はアメリカ禁酒法時代には虐げられ、小さく苦味があったため食用としては見向きもされなかったが、今では美しい花を咲かせることから広く栽培されている。知られているだけでも800の品種があり、毎年新しい品種が登場し、北アメリカで春を彩る花といえば何よりリンゴの木の花ということになる。[23]

リンゴの木はその長い寿命と大木になることから崇められ、過去の感覚を呼び覚まさせる。20世紀の初めにニューヨークの果樹園であまり大きくならない矮性《わいせい》リンゴの木が好まれるようになると、

20世紀初頭のニューヨークでは、こうしたリンゴの老木が過去の記憶を呼び覚ました。

S・A・ビーチは次のように述べている。

仲間より長生きをした老木はそこに佇んでいるだけで、駅馬車や手織り機、糸車、みんなで集まってリンゴの皮を剝いたペアリングビーの日々、貯蔵庫にリンゴ酒が数樽分なければ農民は冬の蓄えが足りないと考えた時代の記憶を、静かに伝えてくれている。[24]

古い農場に佇む威厳あるリンゴの老木は風俗画家の格好のモチーフとなった。18世紀と19世紀の多くの絵画には、巨大なリンゴの木のしっかりした枝に少年たちが腰掛けるようすが描かれ、彼らの上に細かい枝が傘のように広がる。少年たちはリンゴを投げ合ったり、下で待つ少女にリンゴを落としたりしている。19世紀末の工業化した世界でこうした絵画が表現していたものは、自由に育ったリンゴの木が木陰を作る片田舎の風情への遠いノスタルジアだった。[25]

リンゴの木のなかには、新しい世代になるたびに若返り、永遠の命を持つのではないかと思えるものがある。そんな木の1本がシーク・ノー・ファーザー（これ以上のものは見つからない）で、その果実がおいしいことから名付けられたこのリンゴの木は、1700年代にマサチューセッツ州ウェストフィールドの山の頂上に植えられた。もともと幹周りが1メートル以上あったこの木が倒れると、その枝から根が生え、その後200年かけて山を下るように自然に繁殖が続いた。エリック・スローンが言うように、この木は人間再生の象徴となった。

倒れた幹が腐ると、周囲にはすでに新たなリンゴの苗が根を張り、そのようすは他界した巨木が棺台に載せられ、その周りに家族が集まっているようだ。老木は倒れるときにその指のような枝を大地に挿していたのだ、不思議で印象的な再生の物語だ。[26]

威厳あるリンゴの古木は歴史的記念碑にもなっている。リンカンシャー州には最も有名で最古のリンゴの木がある。アイザック・ニュートン卿の17世紀の庭にあったリンゴの木で、ニュートンがこの木の下で座っていたときに頭の上にリンゴが落ちたことで、1665年頃に重力の概念を思いついたとされる。このリンゴの木は今も生きているが、ニュートンの生家を訪問してもこの木の下に座ることはできない。何百年も前の伝説的な木を一目見ようとやってくる何千人もの人に踏みつけられると、周囲の土壌が固められて根が痛む可能性があるためだ。[27] ニュートンのリンゴの木はフ

OCT 5 1910
B214713
PUCK BUILDING. New York, October 5th, 1910.
VOL. LXVIII. No. 1753.
PRICE TEN CENTS.
Puck
L. M. GLACKENS
THE DISCOVERY OF THE LAW OF GRAVITATION.
It Was an Airship, and Not an Apple as Popularly Supposed, that Gave Sir Isaac Newton His Clue.

アメリカのユーモア雑誌パックの表紙。アイザック・ニュートン卿が重力理論を発見したときに落ちたのは、リンゴではなくライト兄弟の飛行機だったするパロディ（1910年）。

ラワー・オブ・ケントというめずらしい品種で、もちろんこの木からリンゴが落ちたまさにその瞬間に、ニュートンが重力について「ひらめいた」わけではないだろう。それでもこの逸話の人気は年月を経るほど高まり、ついに2010年にはニュートンのリンゴの木（といっても10センチの小株）は実際に無重力の宇宙空間へ飛び出した。王立協会350周年記念の一環としてスペースシャトルのアトランティス号に乗せられたのである。重力に逆らうリンゴの宇宙旅行にはニュートンも驚いたことだろう。[28]

もう一本イングランドで有名なのが、ブラムリーという品種の起源となる最初のリンゴの木で、こちらはまさに地に足をつけた素朴な歴史をたどり、今もイギリスの人々が舌鼓を打つリンゴのひとつだ。イギリスで有名な料理用リンゴの祖先で樹齢は200年を超え、ノッティンガムシャーのコテージ・ガーデンに植えられて以来今も毎年たくさんのリンゴが収穫される。1809年に少女が偶発実生を植え、このコテージを引き継いだマシュー・ブラムリーが育成した。ブラムリーは自分の名をつけることを条件に、地元の育苗家に挿し木やリンゴの販売を認めた。1809年に植えられた偶発実生のブラムリーは1900年の暴風雨で倒されたものの奇跡的に息を吹き返し、今も実をつける。[29]

一方アメリカのボールドウィンという有名なリンゴの先祖は1815年の大風で倒され、今はもうその姿はない。鳥たちが好んでこの古木に集まったので、かつては「ウッドペッカー」と呼ばれたが、そのことがこの木の衰弱につながったのかもしれない。ボールドウィンの起源である古木から接ぎ穂をとり繁殖させたのが、マサチューセッツのエンジニアで独立戦争の退役軍人ローミ・ボールドウィン大佐（1744～1807）だった。この大佐に敬意を表してウッドペッカーからボールドウィンに改名された。マサチューセッツ州ウィルミントンには、この古木が偶発実生として芽吹いたと信じられている場所があり、御影石製のリンゴを高さ1・8メートルの台座に載せた記念碑が置かれている。地元の歴史協会がウィルミントンのガーデンという地区に1895年に建設した。[30] この御影石のリンゴはジョージア州の「ビッグ・レッド・アップル」とくらべるとずっと小さいとはいえ、いずれの記念碑も小都市がリンゴ産業に沸いた往時を偲ばせてくれる。

リンゴへの感謝を表す最も古く最も特異な行事が、十二夜に歌いながら祝宴をあげるワッセイリングという伝統行事で、イングランドで数百年前から続いている。行事の形式はリンゴ酒を生産する地域によってさまざまだが、リンゴ酒にエールを混ぜてリンゴの木に祝杯をあげる陽気な祭りだ。十二夜とは当時の後1月6日までの期間を指し、木が冬眠しているのを覚ます意味があるのだろうが、どんちゃん騒ぎをして大きな音をたてる。クリスマスに伝統的な聖歌を歌う「ワッセイリング」とは違い、リンゴの木に祝杯をあげるワッセイリングは来年もリンゴが豊作であるように願う迷信的な儀式で、宗教的儀式の要素が入ることも多い。隣近所や家族が小さな子供も一緒に果樹園から果樹園へとわたり歩き、リンゴの木にリンゴ酒をかけたり、リンゴ酒を水差しに入れて根元に置いたり、リンゴの木の神様への供物としてリンゴ酒に浸したトーストの切れ端を一番大きな木の枝に吊したりした。[31] おそらくアーサー王伝説に由来する儀式だろうが、小さな男の子は枝まで持ち上げてもらって、そのリンゴ酒トーストを食べる。12世紀の聖杯を探す物語に、騎士のパーシヴァルが木の中にいる幼いキリストに遭遇するという逸話があり、これもクリスマスの時期にリンゴの木に祝杯をあげるワッセイリングと関係しているのだろう。しかし古代ローマで果実と庭園の女神であるポモナを称えていたことを考えれば、ワッセイリングはキリスト教以前の儀式に深く根ざしている可能性もある。こうしたリンゴの木にまつわる非キリスト教的影響を消し去ることを目論んだのが、1761年にロンドンの雑誌スピリチュアル・マガジンに発表された詩、「林檎の木なるイエス・キリスト Jesus Christ the Apple Tree」だった。

この果樹がわたしの魂を癒やしてくれる
わたしの瀕死の信仰を蘇らせ
わたしの魂を早々に連れてゆく
林檎の木というイエス・キリストのもとへ。[32]

この詩に多くの作曲家が曲をつけ、アメリカではよく知られた賛美歌となり、現在もクリスマスシーズンになると演奏される。この賛美歌にはワッセイリングをキリスト教化する目論見があったのかもしれないが、ワッセイリングの伝統は死んでいない。ポモナへの生贄の名残なのか、幼きキリストを称えるためなのか、あるいは酒を飲む言い訳にすぎないのか、いずれにせよリンゴの木への祝宴は今日のイギリスとアメリカでちょっとした復活の様相を呈している。地域によっては十二夜ではなく、クリスマス前の都合のいい日に開催し、クリスマスの買い物客を果樹園にうまく呼びこんでいる。またリンゴの花が咲き気候もよくなる春までワッセイリングを延期して顧客の関心を引こうとする果樹園もある。

森で生育する野生リンゴの木にも支援者の手が差し伸べられていることを聞けばソローも喜んだはずだ。果樹が実をつけるには日光が必要だが、かつての農地が再び森で覆われるようになると、そこで生育していた野生リンゴの木は大きな木に覆われてしまい枯れてしまう。こうした野生リンゴを食料や生息地としている、多くの野生生物がいる。そこでアメリカ農務省自然資源保全局では、森の野生リンゴに影を落としたり押しのけようとする木の枝を払う「リンゴ救済計画」に乗り出したのである。[33]

シベリアリンゴ（*Malus boccata*）の1845年の植物画。シベリアリンゴのような野生リンゴの木は非常に多くの花を咲かせるためとても美しく、果樹園内の他の木の受粉に必要な花粉源となる。

第7章　リンゴの善

古代神話でも現代のマーケティング・キャンペーンでも、リンゴは人間が望むあらゆる良きものの象徴とされてきた。たとえば地上の楽園、若さ、愛、不死、あるいは永遠の命とは言わないまでも、少なくとも健康食品や健康のシンボルとされてきたのである。エデンの園でもそうだが、多くの神話的物語でリンゴは魅力的な果実として描かれ、罪に汚されていない。ギリシャ神話で世界の西の果てにいるとされるニンフたち、ヘスペリデスが住む庭園では、金色のリンゴが不死の源だった。ヘラクレスはそのリンゴの木を守護する不死の百頭竜（ドラゴン）からリンゴを盗む。この恐ろしいドラゴンはエデンの園のヘビとは違い、人間を堕落へ導くことはない。13世紀の北欧神話の書『スノッリのエッダ』では春の女神イドゥンが不死のリンゴの守護神で、神々はこのリンゴを食べて若さを保っていた。作曲家のリヒャルト・ワーグナーはこの女神の物語をもとに「ラインの黄金 Das Rheingold」を作曲する。ワーグナーの四部作オペラ「ニーベルングの指輪」の「序夜」に

チャールズ・ヘイズルウッド・シャノン「秋」(1917年。リトグラフ)。

エドワード・バーン＝ジョーンズ作「ヘスペリデスの庭」。テンペラと金箔。1882年。古典的神話を描いたこの絵画では、ヘスペロスの娘たちが、ゼウスの妻ヘラの黄金のリンゴを守護するドラゴンの世話をしている。ヘラクレスがこのリンゴを盗むが、この凶暴なドラゴンはエデンの園の蛇とは違い、人間を堕罪させることはない。

リンゴの形に造形された匂い玉の銀製容器（ポマンダー）。1350年頃。イタリア。おそらく女性が腰からチェーンで下げていたラブトークン（恋人からの贈り物）。

「ラーダを訪ねるクリシュナ」。水彩。1695年頃。インド。ラーダはヒンズー神の女性的側面で、男性姿のクリシュナを待っている。ラーダが座っている東屋の内部には3つのアルコーブ（壁面に作られたくぼみ）があり、愛のシンボルであるリンゴが置かれている。

あたる部分で、イドゥンの物語を、ドイツの愛と若さそして美の女神であるフライアの物語と融合させている。ボッティチェッリの楽しげな絵画「春（プリマヴェーラ）」（1482年頃）は、ローマ神のヴィーナス、キューピッド、フローラ、そしてマーキュリーが愛と新たな生命の季節である春を祝福し、リンゴがたわわになる木々の木陰で戯れるようすが描かれている。

聖書にも「リンゴで力づけてください」さらに「とても大切な人」(apple of my eye)という表現があり、リンゴと愛のつながりにそれとなく言及している。この一節には「リンゴで力づけてください。わたしは恋に病んでいますから」とあり、リンゴが恋の解毒剤となることを示唆している。一方リンゴを栽培する多くの国の民間伝承では、リンゴやその皮や種子を使って恋愛や恋の相手を占って

F.W. エドモンズ作「心ときめく Sparking」。1839年。銅版画（エングレービング）。アメリカ的情景のなかでリンゴを剝く女性を愛おしそうに見つめる男性。

農夫がリンゴを叩き落とし、子供たちが落ちたリンゴを拾う。ノルマンディ。1900年頃。

「ウィリアム・テル」。1774年。銅版画（エッチング）。このドイツの民話で、父親は息子の頭上にあるリンゴを射落とすことになり、弓の名手であることと息子への無私の愛を証明する。

いた。一般的な占いの儀式としては、リンゴの皮を頭の周りでくるくるまわしてから地面に放つと、それが恋人となる人物の名の頭文字になるというもの。またリンゴの種を平鍋で熱し、デイジーの花びらをつまみ取るのと同じように、憧れの相手が自分のことを「愛しているか愛していないか」を占うやり方もあった。憧れの相手の気持ちを聞いたときに、鍋の種子が弾ければ恋愛が成就する。神話や民間伝承ではリンゴが繁殖のシンボル、さらに繁殖の源泉とも伝えられてきた。たとえばキルギスタンでは、妊娠できない女性は、果実を作るリンゴの力を授かれるようにリンゴの木の下で地面を転がるのがいいとされた。[1]

18世紀と19世紀の風俗画に描かれた母親と子供がリンゴを摘む光景や、赤いリンゴのような類の子供がリンゴを食べたり口にくわえたりする仕草を見ると、リンゴが健康と純真さを表現していたことがよくわかる。父親が息子の頭に載せたリンゴを射落とすという昔話では、リンゴが父親の無私の愛を象徴するものとなった。ドイツやスカンジナビアの民間伝承のモチーフにもなっているこの物語は、１８０４年にフリードリッヒ・シラーが戯曲にし、のちにロッシーニがオペラにした（１８２９年）「ウィリアム・テル」で有名になった。テルはオーストリアの無慈悲な大領主に敬意を払わなかったことで逮捕される。大領主は罰として息子の頭にリンゴを載せ、それを弓で矢１本だけを放ち射落とすよう命じる。失敗すれば父も息子も処刑される。矢がリンゴを射抜くとテルは、最初の矢で失敗したときには大領主を殺害するためにもう１本の矢を隠し持っていたことを明かす。のちにテルは自分の息子の命が脅かされた報復としてこの大領主を殺害する。ロッシーニのオペラでは父親の息子への愛が強調され、専制君主に対する農民一揆の成功にまで物語の枠組みが拡大された。

また小学校で「先生にリンゴを」や「リはリンゴのリ」と教わるように、リンゴは子供の純真さの表現でもある。また「きちんと整理整頓」できていることを英語で「apple-pie order（アップルパイの秩序）」と言い、「upsetting the applecart（リンゴの荷車をひっくり返す）」と言えば「計画を台無しにする」という意味になる。ケイト・グリーナウェイは著書『アルファベットの絵本 *A Apple Pie*』（１８８６年）で、アルファベットのＡからＺまでをアップルパイの短いお話でまとめ、「Ａアップルパイ（Applepie）、Ｂそれを食べた（Bit）、Ｃそれを切った（Cut）、Ｄそれを分けた（Dealt）、Ｆそれを取り合った（Fought）……」と綴っている。

子供向けの物語のなかには、リンゴも善行と同じようにそれ自体に報いがあると教えるものもある。アメリカで人気があった子供向け雑誌に1911年に掲載された「王様のパイ The King's Pie」もそんな物語だ。若く貧しいパン屋の主人公は、貧しい者に食物を与える善良な男で、王様に献上するパイを用意しようとする。その時がやってくると、物語の語り手はこう説明する。「果物で作ったパイなどどこにもなかった」時代、パイといえばただ「焼いた肉を皿に載せてパン生地を被せたもの」で「大衆向けの安っぽい食べ物」のことだった。王の訪問を盛り上げる仕掛けとして、見栄っ張りのロンドン市長は町中のシェフを集め「偉大で威厳がありかつ詩情あふれるパイ」作りを競わせた。王の目に留まったシェフには「白い牛を2頭以上、小麦粉100袋、銀貨100枚」が与えられる。シェフたちは途方もなくこりに凝ったパイを準備し、中には歌を歌う子供たちとともに勢いよく飛び出すパイもあったが、あの貧しいパン屋はわずかな小麦粉にバターと砂糖、それと自宅の庭から摘んできたリンゴだけで、素朴だがおいしいパイを用意した。王はこの素朴なパイをおいしそうに食べ終えると、貧しいパン屋にアップルパイ男爵の地位を与えると宣言する。その後このパン屋は、その賞金と小麦粉を町の貧しい人々に食物を提供するために使い、幸せに暮らしたとさ。[2]

●健康食

「1日リンゴ1個で医者いらず」というスローガンが最初に記録されたのは1904年のことで、「就寝前の1個のリンゴで医者はパン代を稼げなくなる」というイングランドの古い諺を改作したものと言われている。しかしリンゴはそれよりずっと昔から健康によいと考えられていた。たとえば2世紀のローマの医師ガレノスはリンゴを健全な食事の一環として推奨していた。[3] 古代ローマの人々はこのガレノスの時代の何世紀も前から、たびたび胸焼けを起こす酸っぱい果物に代えて、甘いリンゴを栽培していた。リンゴはユダヤ教の新年祭である伝統行事ローシュ・ハッシャーナーでも用いられ、「甘い新年」となることを願ってリンゴを食べる。

現代のリンゴの知識は、こうしたかつての経験的知識とくらべると遥か先へ進んでいる。アメリカのリンゴ産業系の研究をはじめ数多くの研究から、リンゴは紛れもないスーパー・フルーツで、コレステロール値と体重が減り、さまざまながん、脳卒中、認知症を予防し、その結果として寿命が延びることが示されている。2005年、ワシントン州のリンゴ栽培農家は全国チェーンのジムと組んで新しいダイエット本『1日リンゴ3個計画――恒久的脂肪削減の基礎 *The Three-apple-a-day plan: Your foundation for Permanent Fat Loss*』の販促を展開した。ジムでは「体型を整える」コンテストを開催し、参加者に食欲を抑える確実な方法として、食事前に必ずリンゴを食べることを奨めた。[4]

リンゴ産業のウェブサイトではリンゴを食べることで得られるさまざまな利点をあげ、なかでも「重要なビタミンC源」という点が頻繁に取り上げられている。しかし他の情報源によれば、リンゴより世界消費量が多いオレンジのほうがビタミンCの含有量は多い。それでも栄養に関する最新の考え方では、リンゴの利点は単一のビタミンだけではないことが指摘されている。リンゴは植物栄養素（ファイトニュートリエント）つまり植物性化学物質（ファイトケミカル）が豊富で、さらに食物繊維をはじめ健康によい多くの要素が含まれるうえ、リンゴは単に栄養を足し合わせただけ

Schweizer. Bund Abstinenter Frauen
Ligue Suisse des Femmes Abstinentes
Consommer Fruits et Lait, c'est lutter contre l'Alcool
Lutter contre l'Alcool, c'est augmenter la Sécurité Publique

スイスのポスター（1930年代頃）。リンゴとミルクが推奨されているのは「アルコール撲滅運動」の一環で、「治安の維持」にもつながると訴える。

では汲み尽くせない、健康上の大きな利点があるとされる。「現在明らかにされているのは」栄養科学者T・コリン・キャンベルによれば「リンゴには何千とは言わないまでも何百という化合物が含まれ、それぞれが体内の何千もの化学反応と代謝システムに影響を与える可能性がある」ということだ。[5] 栄養学者らは特にリンゴを皮ごと食べることを推奨していて、皮を剝いたリンゴより植物栄養素が50パーセント以上多くなる。[6] 残念なのは、リンゴの皮には噴霧した殺虫剤が多く残っていることだ。

ただしすべてのリンゴに同じ栄養素が含まれているわけではない。ヘンリー・ソローは気づいていなかっただろうが、栽培品種のリンゴより野生リンゴを好んだのは、圧倒的に健康によい選択をしていたことになる。野生リンゴは苦味の強いリンゴ（クラブアップル）でも「栽培品種とくらべれば圧倒的に栄養価が高い」と述べるのはフードライターのジョー・ロビンソンだ。彼女は2003年に実施された321種の野生品種と栽培品種のリンゴに関するアメリカ農務省（USDA）の調査を指摘する。この調査によると野生品種は「植物栄養素を475倍も多く含み……栽培リンゴはその長い歴史のなかで大量の栄養素を無駄にしてきた」。[7] かねてからの定番品種であるゴールデンデリシャスは、ふじやジンジャーゴールドなど最新のとても甘い品種とともに世界で最も人気のあるリンゴのひとつだが、USDAの植物栄養素量のリストに記載されることはほとんどない。しかし甘いリンゴをあきらめる必要はない。酸味の強い野生リンゴは、砂糖に侵されたわたしたちの味覚にはその魅力は感じられないが、現代の市場でも健康によい数多くの品種を選ぶことは可能だ。ロビンソンはUSDAの調査をもとに、スーパーマーケットで購入できる最も栄養価の高いリンゴとして、ブレイバーン、コートランド、ディスカバリー、ガラ、グラニー・スミス、ハニークリスプ（ハニークランチ）、アイダレッド、マッキントッシュ、メルローズ、オザークゴールド、そしてレッドデリシャスを挙げている。[8]

いくつかの研究から、実生苗と伝統品種のリンゴには高い抗がん作用があることが示されている。モンティーズサプライズという品種は2000年にニュージーランドの古木から発見されたものだが、実験室での試験で特異的に強い抗がん作用が明らかにされ、風味もきわめてよく、非常に多くの植物栄養素も含まれている。このリンゴを発見したマーク・クリステンセンは、この苗木8000本以上をニュージーランドの人々に寄贈している。[9] また、最も甘いリンゴであっても、甘いお菓子や板チョコとくらべればよっぽどましなおやつになる。甘いお菓子は血糖値を急上昇させる原因となるが、リンゴに含まれる植物繊維には糖分が血流へ吸収されるのを抑える性質があるからだ。

●リンゴは赤いほどいいのだろうか

リンゴには緑色や黄色の品種も多くあるが、リンゴで連想する色といえばやはり赤で、多くの栽培農家にも好まれ、リンゴを赤くするためなら農家も労を惜しまない。よくリンゴの木の間に反射シートを敷き詰めていることがあるが、これは太陽光が反射して下方からも当たるようになり、リンゴが完熟してより赤くなるからだ。リンゴの赤さを測定するアプリも開発され、最近では遺伝子解析により赤い色を発色する遺伝子が同定された。新たな遺伝子育種と、より赤いリンゴの開発につながる発見だ。[10]ロビンソンによれば赤い色を見るのは健康によく、さらに、赤いリンゴは徹底した枝の剪定を行うことでたっぷり太陽光を浴びるように育てられるため、栄養素も多くなるという。[11]

しかし赤いほうが本当に健康によいリンゴなのだろうか。2011年、科学者たちが濃い色の果物や野菜を食べた場合の脳卒中のリスクの増減について調べたところ、赤いリンゴと黄色や緑色のリンゴに大差はなかった。[12]どの色のリンゴを食べても同じように脳卒中のリスクを下げられたのだ。一方で赤いリンゴは風味が落ちることが多い。レッドデリシャスの株を用いて味覚試験をした結果、「完全に真赤になるほど、風味が平凡でつまらなくなる」ことがわかっている。[13]早い時期に赤くなったリンゴは、長く保存できるように未熟状態で収穫されることがあり、その結果風味が台無しになる場合があるのだ。また赤いリンゴほど傷をごまかしやすいので、赤いリンゴのほうが売り上げがよくなるという裏事情もある。さまざまな色の伝統品種を育てている果樹生産者エゼキエル・グッドバンドは、赤いリンゴのほうが優れているという意見を聞いて冗談まじりにこう答えた。「そりゃ果樹園芸学的プロファイリングというやつだね」（すべてがその通りというわけではない、という意味）[14]。ロビンソンも著書『野生食 *Eating on the Wild Side*』（2013年）ですぐに、太陽光に当てても赤く変化しない緑色あるいは黄色い皮の品種の場合、完熟を見定めるのは難しいとしても、健康によいことに変わりはないことを認めている。とにかく、全体が緑色のリンゴ、グラニー・スミスには「多くの赤すぎるリンゴより植物栄養素が豊富」なので、ロビンソンによれば「グラニー・スミスは常にお薦めだ」[15]

ニューヨーク市のビッグアップルとして描かれるリンゴはたいてい赤いが、ある環境団体連合はこのビッグアップルを緑色にする運動を展開している。そこには歴史的に重要なニュータウン・ピピンを祝福したいという意図もある。もちろんヴァージニア州の人々にとっては複雑な思いがあるだろう。というのもヴァージニア州ではアルベマールピピンとして何百年もこのリンゴの栽培を続けているからだ。それでもニューヨークの団体は、緑色のリンゴは環境的にグリーンになろうとする都市のシンボルとして適していると主張している。[16]

第8章 リンゴの悪

英語でbad apple（バッド・アップル）と言うと、「樽の中のいたんだリンゴのように周囲に悪い影響を与える人物」という意味であり、その人が「問題児」あるいは「トラブルメイカー」であるというレッテルをはることになる。もちろんリンゴを使って表現されたどんな悪事も、リンゴそのものが悪いわけではない。実がしっかりしているリンゴよりも早く傷むモモやプラムその他の果実が咎められないのはとても不公平に思えるが、詩の表現としては、やわらかくなったバナナやふやけたイチゴでは意味の広がりがない。ところがリンゴの場合は、どこにでも果物でありながら、文学的な表現としても成立する。リンゴには見た目にはわからなくても内部からゆっくりと腐っていく性質があり、それが悪徳のイメージにぴったりなのだ。原因がエチレンガスなのか蛆虫なのかはともかくとして、腐ったリンゴは「隠れた悪」の象徴として利用しやすい。シェイクスピアがそうしたリンゴのイメージを最も印象的に用いたのが『ヴェニスの商人』（第1幕、第3場）で、アントーニオがシャイロックの融資の提案について話す場面だ。

新鮮なリンゴと腐ったリンゴ。この写真ではリンゴが腐っていることがはっきりわかるが、リンゴには見た目にはわからないまま内部から腐る性質があることから、「隠れた悪」の文学的なメタファーとなってきた。

悪魔も自分の都合次第で聖書を引用する、邪悪な者が神聖な言葉を証拠として引き合いに出すのは悪党が頬に笑みを浮かべるようなもの、見かけはきれいだが芯は腐ったリンゴだ。ああ、まがい物にかぎって外面はきれいなものだ！［『ヴェニスの商人』松岡和子訳／筑摩書房引用］

シェイクスピアはこの隠喩をソネット93でも用いて、欺瞞が美を装う感覚を表現している。一人称の語り手はある恋する男であり、恋人の外見は大好きだけれど、彼女が浮気をしているのではないかと疑う。「もしきみの美徳が容貌とつりあわなければ、その美しさはイヴ［エバ］の林檎《りんご》そっくりになる」［『ソネット集』高松雄一訳／岩波文庫より引用］

◉罪深いリンゴ

「エバのリンゴ」はわたしたちを典型的な「悪いリンゴ《バッドアップル》」の神髄、すなわちエデンの園の果実へと導く。この楽園は誘惑と罪を具象化するものとして西洋文化に永遠に刷り込まれた。ヘンリー・ソローは野生リンゴへの抒情的な著作のなかで、エデンの園におけるリンゴの罪深い役割についてさらっとふれ「人類の祖先である男女は、この実によって誘惑されたと考えた人もいる」［前掲『アメリカ古典文庫4』より引用］と述べている。[1] しかし責任の矢面に立たされたのはエバであり、それ以降妖婦として描かれることになったすべての女性たちなのだ。ルカス・クラーナハ（父）の「アダムとエバ」（1526年）では、アダムはリンゴを受け入れるときに無邪気に自分の頭を掻いているが、エバのほうは顔に訳知りの笑顔を浮かべつつ誘惑的なポーズを取り、わずかに後ろへもたれながら片腕をリンゴの木の枝に伸ばしている。ヘビは直接エバのほうを見て、悪党が誰なのかを非常にはっきりと示している。

ヘビが女性の姿をしている図版もある。サタンはふつうオスのドラゴンとして描かれたが、早くも18世紀のパネル画や壁画、本の挿絵には、エバの誘惑者が女性の顔と胸部を持つヘビとして描かれている。[2] 寓話的な「アメリカのアダムとエバ Adam and Eve in America」では雌のヘビがリンゴの木に巻き付き、汚れのない「ヴァージニアという新たに発見した土地」における罪を描いている。[3] また初期フランドル派の画家ヒエロニムス・ボスの三連祭壇画「最後の審判」（1504年）左側のパネルでは、蛇がふくよかな女性として描かれ下半身はドラゴンの尾を持ち、アダムとエバにリ

セオドア・ド・ブライ「アメリカのアダムとエバ」(1590年)。『ヴァージニアという新たに発見した土地の真実の短報 *A briefe and true report of the new found land of Virginia*』の銅版画（エングレービング）による挿絵。この版画では罪を犯した女性はエバだけではない。なんとヘビの上半身が女性なのである。

1810年代の書籍の挿絵に描かれたアタランテーとヒッポメネース。立ち止まって黄金のリンゴを拾うアタランテーは、ヒッポメネースに競走で負ける。

ンゴを渡そうとしている。また男性の喉仏を英語では「アダムのリンゴ Adam's apple」というが、この言葉はエバからもらった運命的なリンゴがアダムの喉につかえたとされることに由来する。男性の喉仏は思春期になると目立ち始めるので、「アダムのリンゴ」という表現は、男性の性的関心を目覚めさせるのはそもそも女性のほうだとする、よくある古くさい話を暗に示してもいる。

　ギリシャ神話では女性とリンゴの間に邪悪な関係が存在する。エデンの園と同じように、アタランテーの神話もリンゴにまつわる物語になっていて、女性を不幸な結末へと導く。美しい処女のアタランテーは決して結婚を承知しなかったが、父親のたっての願いで、競走して彼女より早く走れた男なら誰でも結婚することを約束する。求婚者のひとりヒッポメネース（メラニオーンともいう）は愛と婚姻の女神アフロディー

スズ釉に描かれたパリスの審判の一場面。フランス。16世紀末。陶器製皿。パリスが黄金のリンゴをアフロディーテーに手渡している。このことがトロイア戦争の発端となる。

テーの助けを乞うと、女神はヒッポメーネスに黄金のリンゴを3つ与え、競走の間にリンゴを一度にひとつ落としてアタランテーの気を逸らすようにとすように作戦を伝授する。この企みが功を奏し、ヒッポメーネスはレースに勝つとアタランテーに求愛する。しかしその後アフロディーテーの怒りを買うことになりふたりを互いに交わることがないとされたライオンに変えられてしまう。

パリスの審判もリンゴにまつわる物語で、リンゴが女神たちの手にわたることで悪い結果を招くことになる。不破の女神エリスは神々の王ゼウスが開催した宴会で「最も美しい女神へ」と記された黄金のリンゴをテーブルへ投げ入れ、このことがトロイア戦争の発端となった。来賓の3人の女神ヘーラー、アテーナーそしてアフロディーテーは、そのリンゴは自分のものだと主張した。ゼウスはトロイアのパリスを指名して3人のうち誰がそのリンゴに値する美しさか決めさせた。女神たちはパリスの前で裸でポーズを取り、自らの美と賄賂でパリスを誘惑する。結局パリスが選んだのはアフロディーテーだったが、それは彼女が絶世の美女スパルタのヘレネーをパリスの妻に捧げたからだった。このパリスの審判がきっかけとなりトロイアとスパルタに戦争が起き、リンゴは闘争と性的欲望を永遠に象徴するものとなる。この神話は中世から20世紀のルーベンスやルノワール、ヴァトー、ダリなど、錚々たる芸術家を魅了する題材となった。敬虔なクラーナハ（父）もこの題材を見栄えのするヌードで20点以上描いているが、当時（15世紀）この物語は婚姻の寓話として、また快楽より美徳を選ぶことの重要性を意味するものと考えられていたのだ。今日では理解しにくい解釈である。[4]

神話や民間伝承、芸術のなかの男女にとって、リンゴは権力から性的快楽まであらゆる欲望の魅惑的な表象となっている。この点をソローは「女神たちがリンゴのみを得ようと競ったという有名な神話があるし、竜がリンゴの見張りをさせられ、英雄たちが竜と戦ってそれを奪う役目を命じられたという話もある」と要約している[5]［『アメリカ古典文庫4』より引用］。ソローやエミリー・ディキンソン（1830～1886）はどちらもニューイングランドのリンゴの景観を愛でた作家で、ふたりにとってリンゴこそタンタロスがいくら手を伸ばしても永遠に届かない果実だった。「ホメロスによると」ソローは「絶え間なく吹く風のために大枝が遠ざけられてしまい、タンタロスがもぎとることができなかった果実のひとつはリンゴであった」と書いている[6]［『アメリカ古典文庫4』

より引用」。ディキンソンは詩「天国それは私の手が届かないもの!」の第1連でこのタンタロスの神話をほのめかしている。

木の上の林檎──
どうにも届かないところに──ぶら下がって
それこそが──天国──わたしにとっての!

リンゴをもっと写実的に性的に表現する詩人もいて、アリストファネスも女性の胸をリンゴにたとえた多くの古典作家のひとりだ。ボスが三連祭壇画で男が地獄へ堕ちるようすを描いた「快楽の園 The Garden of Earghly Delights」(1500~1505年頃)では、リンゴは性的享楽の果実となる。この異様な全景の中央パネルでは、リンゴは巨大な果物などの食物と一緒にあり、小さな裸の集団がそれらを貪り奇妙な生活をしている。[7] ジョン・ミルトンの傑作『失楽園』(1667年)では、サタンはヘビに扮し、肉欲的な耐えがたい飢えを癒やす欲望に駆られ、それをなんとか満たしたいと言って、エバをリンゴへおびき寄せる。

その美しい林檎の実を味わいたいという烈しい欲望にかられ、なんとかそれを充たそうと心に決め、それ以上躊躇う気持を綺麗に捨てました。飢えと渇きが、その魅惑的な果実の薫りにともに刺激され、強烈に私の心を動かし、もはやどうにも抗し難いものに感じられました。(第

9巻584〜8行）［『失楽園（下）』平井正穂訳／岩波書店より引用］

サタンの説得力ある話にエバが折れると、彼女がリンゴを食べるようすを暴飲暴食していいように
ミルトンは描写する。「そうやってただひたすら貪婪に彼女は貪り食った」（791行）。

少年がリンゴの木に登ってリンゴを少女に投げ落とすようすを描いた風俗画でさえ、見た目ほど無邪気なものではないのかもしれない。いくつかの民間伝承では、女性の膝にリンゴを投げることはセックスの誘いを意味する。セザンヌの有名なリンゴも彼にとってはエロティックな意味合いがあったのかもしれない。マイヤー・シャピロは自身のエッセー『セザンヌのリンゴ *The Apples of Cézanne*』（1968年）で、セザンヌが古典的な愛の詩を読むとき、また男性や女性たちに宛てた色っぽい手紙を書くとき、リンゴが若き画家のエロティックな表現となっていたことを指摘する。セザンヌの「恋の羊飼い」（1883〜1885）に注目してみると、若い男が腕いっぱいに抱えたリンゴを、彼を囲む官能的な4人の裸の女性のひとりにわたしている。そこでシャピロは次のように問いかける。

愛を題材にしてリンゴを中央に配置したことは、セザンヌがしばしば描いているリンゴに対する感情的な思い入れについて気付かされることがある。この作品ではリンゴと裸体を組み合わせて描いていることから、セザンヌがいつも静物として描いているあのリンゴも、エロティックな関心を表現したものと解釈できるのではないだろうか。[8]

シャピロは西洋文化全体にリンゴが性的なシンボルとして浸透していると見る。

西洋の民間伝承や詩、神話、言語そして宗教でリンゴが身近な性的快楽を含意するようになって以来……リンゴの絵画と性的妄想の関係性は容易に受け入れられるようになり……リンゴが魅惑的な外観、美しい色彩、質感や形状など、あらゆる感覚に訴え肉体的快楽を期待させることから、リンゴは人間の熟れた美の自然の対応物となったのだ。[9]

セザンヌと同時代のポール・ゴーギャンが1889年に描いた奇妙な「光輪のある自画像」は、自らを美徳と原罪の象徴で囲い本人は満更でもない表情をしている。フランスで滞在していた宿の食器棚の扉に描いたものだ。肉体から分離した頭の上を光輪が漂い、手にはヘビを絡ませ、背後にはリンゴが浮いている。

●失われた無罪性

ゴーギャンの自画像もやはりエデンの園を芸術的に暗示するものになっているが、その象徴的な物語が常に罪に関係しているとは限らない。考古学者ユリウス・ザリンスは、エデンの園で無罪性が失われる物語からセックスとはまったく異なる意味を汲み取る。ザリンスはそれが人間と自然の関係における革命的転換点、すなわち狩猟採集民から農民への移行を象徴するものと考える。エデ

ポール・ゴーギャン「自画像」(1889年)。油彩、パネル。画家は美徳の象徴である光輪と原罪を象徴するヘビとリンゴに囲まれている。

ンは人間が自由に採集し、自然の実りを享受できる場所だった。ところがエデンから追放された人間は、自らの手で作物を育て自力で食べていかなければならなくなった。ザリンスの説によれば、この物語は狩猟採集民の視点から語られ、それが集団記憶へと変化し、聖書にも記されることになったものだ。[10] この集団記憶は、アメリカ先住民を新世界のエデンにおける「高貴な野蛮人 noble savages」［文明に汚染されていない、人間本来の姿］とみるロマン主義運動的視点など、多くの形で再出現した。またアメリカ史を考えてみれば、先住民部族の猟場にリンゴ果樹園を開いた白人植民者にとって、アメリカ先住民をエデンから立ち退かされたアダムとエバと見なすことも可能だったはずだ。

19世紀から20世紀の進歩的思想に原理主義的解釈が屈しても、エデンの園の倫理的メッセージは文化に浸透したまま生き残った。ブロンソン・オルコットの育児法は19世紀にしては非常にリベラルな方法論だったが、オルコット自身は自分の子供には自制心をしつけなければならないと考えていた。伝記作家のジェームズ・マッテソンは、ルイーザ・メイ・オルコットの伝記でリンゴにまつわる逸話として、ブロンソンはまだ小さかった娘たちに人類の堕落の子供版を行動で示し道徳をしつけたと記している。ブロンソンは娘たちの前にリンゴをひとつ置き、それを食べてはいけないと言って部屋を出る。ところが3歳のルイーザは2度にわたり「食べなくちゃいけないの」と言ってリンゴを食べたという。[11]

ニューヨークのニックネームである「ビッグアップル」の起源も、エデンの園の神話から影響を受けていた。世間一般には、このニックネームは、とある売春宿の女将と売春婦が「エバとそのリンゴたち Eve and her apples」と呼ばれていたことにはじまるとされている。しかしこれはビッグアップルの起源をめぐる作り話のひとつで、本当の起源はもうひとつの男の遊びにあった。競馬だ。ニューヨークのスポーツライターが1920年代にニューヨーク競馬の優勝賞金のことを「ビッグアップル、サラブレッドに乗るすべての男たちの夢、すべての騎手のゴールだ」と言って流行らせた。[12] その後ビッグアップルは競馬場からブロードウェイの劇場、ラグタイム、ジャズの世界へと広がり、さらに1970年代にはニューヨーク観光コンベンション・ビューローがこの言葉を観光の促進にうまく利用した。しかし同時に70年代のニューヨーク市の財政は危機的な状況で、漫画ではリンゴが芯まで食べられる事態となった。1990年代になると、ニューヨークのAIDS予防運動でエデンの園の象徴性が再浮上し、エイズ予防のポスターにはリンゴにまきつくヘビが描かれた。

幸運にもエバにとって状況はわずかながら改善されつつある。2008年のイラストはこの物語を現代的視点で描いた作品のひとつで、現代的な服装の女性がリンゴの木の下でヘビをつないだ紐をしっかり握っている。しかし2012年にはアメリカで多くのメディアがあるセックス・スキャンダルを取り上げると、ふたたびエバは男を堕落させる妖婦というイメージが呼び覚まされた。問題の男はアメリカ中央情報局CIA長官、退役陸軍大将のデイヴィッド・ペトラエウスで、彼の伝記作家パウラ・ブロードウェルとの不倫を認めてCIA長官を辞任した。多くの記者が、ブロードウェルはエバのようにアダムに「リンゴを無理強いする」べきではなかったと声を揃えた。ニューヨークタイムズのコラムニスト、フランク・ブルーニもそのひとりだが、人気の野菜ジュースV8のコピーを使って「しかしそのとき、アダムにV8があったらなぁ（Could've had a V8）」と付け加えている。[13]

この現代のイラストではエバが現代女性として描かれている。

◉神を裏切る接ぎ木

罪深いリンゴの実と同じように、接ぎ木でリンゴの木を栽培する方法も、時を隔ててさまざまな時代に攻撃にさらされてきた。ソローは接ぎ木は不自然だと考えたが、ソローが反対を表明する何百年も前に、異なるふたつの植物を組み合わせるという発想が深い不安を生み反感すら招いていた。多くの人が旧約聖書の「一つの畑に二種の種を蒔いてはならない。また二種の糸で織った衣服を身に着けてはならない」(「レビ記」19章19節)という掟に基づいて、接ぎ木という技術は神に反する行為ととらえていたのだ。1536年にはフランスの植物学者ジャン・ルエルが接ぎ木を「婚外性交」と記しているように、無性繁殖に対する思いもよらない反応もあった。[14]

ルエルからおよそ2世紀後の1716年には、イングランドの庭師トーマス・フェアチャイルドがアメリカナデシコの花粉をカーネーションの雌しべにつけて最初の人為的な雑種を生み出した。カーネーションにできた種子を発芽させると、両方の植物の特徴を持つ花が生まれた。まだほとんどの庭師が古代の園芸学論文の誤った手引きに従っていた時代に、科学的観察と実験による驚くべき成果だった。なにしろフェアチャイルドの時代には多くのリンゴ生産者が、たとえばリンゴの木に放尿するとリンゴが甘くなると信じている、そんな時代だった(確かに、今日ではリンゴの木に窒素肥料として、また病気予防のために尿素スプレーを用いていることを考えれば、彼らはいいところに気付いていたのかもしれない)。フェアチャイルドは単純にミツバチの役割を果たしたにすぎないが、神の自然摂理を犯してしまったのではないかと恐怖を感じ、雑種の誕生を喜ぶのではなく、神のみが新たな種を創造できるという普遍的な信念と矛盾することを心配した。彼は「その後死ぬまで神の怒りにふれないかと怯えながら暮らした」という。[15] 18世紀の終わりには、やはりイギリスの植物学者トーマス・アンドルー・ナイトが、自身のリンゴ交配技術をさらに洗練させた。1790年、ナイトと娘のフランセーズは、新しい世代の両親を明確に同定しながら忍耐強くリンゴの異なる品種同士を掛け合わせ、最初の交雑育種の対照実験を行った。しかし異種の植物を交配することへの不安は、別の植物から遺伝子を組み込んでリンゴを育種するなど、現代の遺伝子組み換え生物の議論でも問題になっている。

●黒魔術

フランク・ブラウニングは「癪に障るほど健康的なリンゴの黄金色と真紅の皮に隠された魔法」と表現するが、民間伝承やおとぎ話では、リンゴが黒魔術として関連づけられることも多い。[16] グリム童話の『白雪姫』（1812年）でも、やはりリンゴに悪事が隠されていて、パリスの審判の自惚れが強い女神たちのように、「世界で一番美しい」存在となるためなら手段を選ばない意地悪な女王がリンゴに毒を盛る。グリム童話ではこの女王が農婦を装うが、1937年のディズニー映画はこの女王が魔女として描かれ、魔女は自らを一時的にせむしの老婆に変身させる魔法のカクテルを作る。変身した老婆が毒入りのリンゴを白雪姫に渡すと、「普通のリンゴではないよ。願いが叶う魔法のリンゴさ。ひと口食べればあんたの夢がなんでも叶う」と言って魔女は甲高い声で笑う。そのリンゴは半分赤く半分が緑色だったが、女王はおいしそうに見える赤い部分に毒を入れた［ディ

スノーホワイト（白雪姫）爆撃機。1943年に撮影されたこの写真のように、白雪姫と毒リンゴの物語は第二次世界大戦では死の匂いさえ感じさせるようになった。爆撃機のニックネームとなり絵まで描かれている。この爆撃機はリビア砂漠にあるアメリカ空軍基地で撮影されたが、中東の爆撃作戦に36回出撃している。

ズニー版では赤色のリンゴと緑色のリンゴがあって赤いリンゴに毒を盛った」。白雪姫が毒の入った部分をひと口食べると、死んだように深い眠りに落ちる。毒入りリンゴという発想は、リンゴの種にわずかながら青酸が含まれていてそれが苦味として感じることによるのだろう。ブラウニングは、ローマ帝国の没落後に民間伝承に取り入れられたテーマではないかと推測する。帝国没落後に苦くなったリンゴは「魔女が無垢な少女に食べさせるもの」になり下がったのだ。[17]ローマ帝国の没落よりもさらに昔、野生リンゴを食べないようにという警告は、ヒポクラテスの『養生法』（紀元前400年頃）やプリニウスの『博物誌』（紀元77〜79年）などの古代ギリシャとローマのテキストにも見られた。[18] 甘い栽培リンゴはプリニウスの時代に広く食べられていたが、イタリアで栽培されていた品種リストのなかには、「酸味が非常に強く……強すぎて刀の刃さえ鈍にする」とプリニウスが警告するリンゴもあった。[19] 酸っぱいリンゴや未熟なリンゴは緑色をしていることが多く、だから白雪姫は毒を盛られた赤い部分を口にしてしまったのである。昔から子を持つ親は、緑色のリンゴを食べるとお腹が痛くなると子供たちに教えてきた。緑色のリンゴに対する恐怖は、未熟の緑色のリンゴは酸が多く胃障害をおこすからだが、グラニー・スミスの普及とともにそんな恐怖も消え失せた。このオーストラリア品種のリンゴは今日では非常によく知られていて、普通はリンゴと組み合わせることはないアルコール飲料にも、特有の風味を加えるようになった。ファン・ゴッホ・ウォッカのメーカーの説明には「オランダ産のフレッシュな緑色の完熟したリンゴの香りがあふれ……グラニー・スミスの風味に近い」とある。[20]

●帰ってきた問題児《バッド・アップル》

白雪姫を中毒にした毒リンゴは、緑色であれ赤色であれ、現在ではリンゴ栽培における農薬汚染への不安を示すわかりやすいシンボルとなっている。著述家ロジャー・イプセンら農薬批判派は「生産者は需要のある品種には大量に農薬を噴霧している」とし、イプセンはリンゴの栽培から保存までのすべての過程で「平均的なリンゴの場合12回の農薬噴霧と、ワックスやシェラックでの防腐処理が行われる」と訴える。[21] 農薬噴霧は害虫防除や病気の予防のためだけでなく、小さい実は落とし

リンゴ果樹園での農薬噴霧。ニュージャージー州。1935年。立体視カード。平均的なリンゴは1シーズンで10回以上農薬を噴霧する。

て大きいリンゴだけを成熟させるように誘導するためでもある。さらに保存中に腐らないようにするために、ビン・ドレンチング（ごみ箱浸し）という驚くような名称の工程では、収穫後にトラックごと、あるいは収穫籠ごと農薬をシャワーのようにリンゴに浴びせたり薬液に浸したりする。

リンゴの殺虫剤使用は今に始まったことではない。ブラウニングによれば早くも啓蒙運動の時代には「庭師は果樹に昆虫を殺せるさまざまな有毒の聖油を塗っていた」[22]。1880年代まではフランスの園芸家が幅広い植物に効果的に使用できる二種類の農薬を開発していた。ブドウとリンゴのカビの防除に用いる「ボルドー混合液」つまり硫酸銅と消石灰の混合溶液と、「パリスグリーン」あるいは「花緑青」という酢酸亜砒酸銅を主成分とする青緑色の有毒粉末で、かつてはパリの下水道で殺鼠剤として（また印象派の画家は顔料として）用いられ、リンゴには殺虫剤として使用された[23]。アメリカのリンゴ生産者もすぐにこの両方の農薬を取り入れ、シンクイガの防除にはパリスグリーンに砒酸鉛を混合して使用した。アメリカが砒素や鉛の食物への噴霧を禁止するのは1980

年代で、パリスグリーンの登場から100年噴霧が続いたわけで、こうした重金属汚染は健康への脅威となっている。重金属は劣化せず、土壌（と人体）中に実質的に永久にとどまるからだ。古い果樹園では農薬の問題は長期化し、中国から輸入される大量のリンゴ果汁にも新たな不安が持ち上がっている。科学者は中国の栽培農家が今も砒酸を噴霧している可能性を疑っている。実際、2009〜2010年にアメリカで実施された検査で、中国産果汁の多くのサンプルから高濃度の砒素が検出されたが、それにもかかわらず中国から果汁が輸入され続けていることが深刻に懸念されている。[24]

ブラウニングは、ケンタッキー州にあった自身の果樹園で1950年代に石灰硫黄合剤をリンゴの木に噴霧していたことを、次のように回想する。

黄色い煙がリンゴの木々の上に打ち上げられると、デイグロー（蛍光色）の霧が暗い森の帯をバックに空の下を漂う。石灰硫黄合剤は当時家族が使っていたもので、綺麗だったが、大量の卵の黄身が腐ったような匂いがした。[25]

石灰硫黄合剤は毎年春、小さい昆虫の卵と菌類の胞子が目を覚ます前に殺してしまうために用いられたが、それは単に最初の1回ということであって、破壊的な昆虫や病気との終わることのない戦いのためシーズンを通して噴霧は続いた。現在では多くの新しい殺虫剤と防黴剤に置き換わっていて、無色無臭の農薬もある。硫黄と銅はどちらも大量に用いれば人体に有害な影響を及ぼす物質だが、今でも利用され、驚いたことにアメリカの有機リンゴ果樹園でさえ使用しているところがあり、アメリカ政府標準規格でも受容可能な自然防除とみなされている。

白雪姫の毒リンゴというテーマは、現実の世界でも映画でもふたたび出現した。デジタルコンピューターの誕生に重要な役割を果たし、第二次世界大戦中にはナチスの暗号を解読するプロジェクトの中心メンバーだったイギリスの数学者アラン・チューリングは、１９５４年に自ら招いた青酸中毒により死亡した。食べかけのリンゴがベッドサイドに残されていて、そのリンゴに青酸化合物が含まれていたかは検証されなかったが、致死量を摂取したものとされた。小説家でチューリングの友人であったアラン・ガーナーによると、チューリングはディズニー映画『白雪姫と七人のこびと』の物語に魅了され、特に意地悪な女王が魔女に変身すること、そしてグリムの原作で毒リンゴが半分が赤で反対側が緑色という曖昧さにも引きつけられていたという。[26] ２０１２年の映画『スノーホワイト』では、ディズニーのアニメ版とは扱いが劇的に変化し、環境劣化が進んだディストピア的景観のなかで物語は展開する。農薬に汚染されたリンゴにはうってつけの舞台だ。この新版白雪姫でも主人公が変身するが、はるかに希望のもてる変身だ。白雪姫は無力な被害者ではなく屈強の戦士となり、邪悪な女王と毒リンゴを打ちのめす。

●バッドカンパニー

リンゴは20世紀の多くの宣伝で汚名を着せられ、不健康な有毒作物とさえ言われた。１９４０年代にはイラスト雑誌の連載広告がリンゴと「オールドゴールド」というタバコを結びつけた。最初に掲載されたイラストでは、カットされたリンゴから果汁が小さな水滴となってポタポタとタバコのパッケージの上に落ちる。そして読者に「さあもっと戦争債を買おう」と訴えつつ「アップルハニーがオールドゴールドを新鮮に保ちます」と自慢する［「アップルハニー」はリンゴ果汁を濃縮したはちみつのようなシロップのこと］。別の広告では、アメリカの水夫とガールフレンドが乗る馬車の上にリンゴの花が咲いている。このシーンに「春に咲く花がオールドゴールドのアップルハニーになる」というコピーが重なる。別の広告では同じようなカップルがロマンチックに「アップルハニーと新鮮さは月光とバラのように寄り添う」と語りかける。今日なら不合理な広告と受け止められるだろうが、戦時中にはタバコの保湿剤として利用されるグリセリンの不足を逆手にとる賢い方法だった。広告はアップルハニーがグリセリンの代用になることをはっきり示し、その効能を誇った。さらに、「アップルハニー」という造語は喫煙による咳を和らげる効果を暗に示す仕掛けにもなっていた。

> この新しい保湿剤は新鮮で純粋なリンゴ果汁からできた芳醇で、蜂蜜のような素晴らしいシロップで、アップルハニーと名付けました。当社の極上タバコ、オールドゴールドにアップルハニーを吹きつけると芳香と風味豊かなすべてのタバコの刻み葉に染みわたり、タバコがしっとりとやわらかく新鮮になって喉元へ届きます。アップルハニーそのものに味はありません。従ってオールドゴールドの味わいも変わりありません。わたしどもは多くの点でグリセリンより優れていると考えています。

Another NEW* has been Added!
Apple "Honey" Now
Protects Old Gold Freshness
APPLE "HONEY" is our name for an amazing new moistening agent which helps hold in the freshness of Old Gold cigarettes.
It has been developed by evaporating the pure, golden juice of fresh, luscious apples to a bland, honey-like syrup. Lightly sprayed on tobacco, this extract penetrates every particle to help hold in the moisture after the cigarette is made.
We call this latest Old Gold triumph Apple "Honey." We're using Apple "Honey" now to protect Old Gold freshness. All in all, we believe it superior to glycerine, which is now needed at the battlefront.
Apple "Honey" is not a flavoring . . . does not change the taste of Old Golds. You enjoy the same delicious flavor — the same fine tobaccos, including Latakia. Apple "Honey" simply helps to keep Old Golds fresh on their way to you.
*New moisture-protecting agent developed by U. S. Department of Agriculture. We call it Apple "Honey."
SAME FINE TOBACCOS—INCLUDING LATAKIA
NO CHANGE IN TASTE!
Old Gold
CIGARETTES
THE TREASURE OF THEM ALL
P. Lorillard Company— Established 1760
BUY MORE WAR BONDS NOW!
LOWEST IN NICOTINE
LOWEST IN THROAT-IRRITATING TARS AND RESINS
As shown by unbiased, independent, unsolicited tests of 7 leading brands —made for Reader's Digest.

「アップルハニー」入りタバコの広告。1940年代頃。広告主は戦時中に伝統的保湿剤であるグリセリン不足を逆手に取り、保湿剤をリンゴ果汁へ転換した。

シェルケミカルズ社の広告もこざかしいところがあり、「ジョニー・アップルシードがあきらめた土地でも収穫できる」をスローガンに、同社の肥料の販促をすすめた。この広告は1959年に登場し、大きなリンゴを持つアップルシードに「こんなすごいリンゴは見たことがない」と言わせている。そして「この現代の驚異的収穫の秘密」はシェルケミカル社の「窒素肥料」だと広告文は説明する。そしてアップルシードの跡を継いでいるのは、化学肥料を用いる果樹園経営者だけではなく、シェルケミカル社も伝説的英雄の跡を継ぐ開拓者だと主張する。「今度果汁たっぷりで弾けるようなおいしさのリンゴを食べたときには、現代のジョニー・アップルシードにはアンモニア肥料の開拓者、シェエルケミカル社が必要なこともお忘れなく」。

こうしたタバコや化学肥料との関係はリンゴの評判に影響を与えたかもしれないが、実際にリンゴの人気を下降させたのは、リンゴそのものを敵役に仕立てたシリアルメーカーのマーケティング・キャンペーンだった。2006年にケロッグ社はテレビとインターネットのアニメを使った子供向けコマーシャルで、同社の商品「アップルジャック」はリンゴよりシナモンの味がすると宣伝している。「シナモン」(CinnaMon)というシナモンスティックの形をしたスリムで西インド諸島訛りがあるクールなキャラクターはスケートボードに乗り、ずんぐりして仏頂面の「バッドアップル」(bad apple =意地悪リンゴ)というキャラクターと、シリアルの入ったボールまでどちらが早く着くか競争する。しかめっつらでずる賢いリンゴはシナモンを妨害するがいつも失敗。コマーシャルの最後にシナモンは「アップルジャックがリンゴの味がしないのは、シナモンの甘さが勝つからだモン」と決め台詞を吐く。このコマーシャルには苦情が寄せられ、アメリカの広告を監視する財団で「1日5個の果物運動」の支援もする「子供広告審査ユニット」（CARU: Children's Advertising Review Unit）から訴訟を迫られた。CARUによるとケロッグはパッケージにリンゴをあしらって親の関心を引きながら、同時に両親の背後では子供たちに「心配ないよ。リンゴの味はしないからね」と教えている。[27] ケロッグ社はCARUの告発を否定したが、最終的にコマーシャルの修正に同意し、リンゴのキャラクターは「意地悪ではなく、悔しがっている」ことになり、「バッドアップル」というキャラクター名も使わなくなった。ケロッグはフルーツ・シリアルが子供に人気がないことを知っていて、しかし同時に、有名なリンゴの名前がつく商品名も捨てがたいという想いの間でジレンマに陥っていた。一時は、アニメのキャラクターは競争はしても友だち同士という設定で、アップルジャックのボウルに同時に到着していた。しかし2013年にケロッグは「シナモン」だけをマスコットにしたシナモンジャックという新しいタイプのシリアルを導入する。アップルジャックは、少量の乾燥させたリンゴとリンゴの濃縮還元果汁が使われているが、食塩の含有量より少ない。アップルジャックの販売も継続されていて、パッケージには楽しそうなリンゴのキャラクターが描かれているが、シナモンの姿は見当たらない。アップルジャックはリンゴというより砂糖味のシリアルだったのだ（実際このシリアルの43パーセントは砂糖である）。[28]

第9章　虚像

謝った比較をする場合、つまり比較できないものを比較するとき、英語では「リンゴとオレンジを比較しているようなもの」（It's like comparing apples and oranges）と言う。ところが不思議なことに同じリンゴ同士でも比較にならない場合がある。聖書の時代に「アップル」（リンゴ）と呼ばれた多くの果実が、実はリンゴとはまったく異なる植物だったと考えられるようになり、実際にまったく別の果実であることが判明したものもあるからだ。アップルといってもイチジクやザクロ、マルメロ、ナシ、バナナかもしれないし、あるいは果実とはまったく関係ないクラッカーやレコード・レーベル、あるいはコンピューターのことかもしれないのである。

創世記ではエデンの園の知恵の木になっていた果実が何であったかは記されていないが、古代ヘブライ語でタプア（tappuah）とされる果実は、旧約聖書の他の書でも何度か使われていて、「リンゴ」と翻訳されてきた。旧約聖書の最初の5つの書「トーラー」（モーセ五書）ではタプアは一般的にリンゴの木がある場所と説明され、かつてパレスチナの一部だった古代都市エフライムにある

ヘルゲ・ルンドストレーム制作のリンネの肖像は2000個のリンゴが使われている。スウェーデン。1998年。皮肉なのは、リンネはエデンの園の果実はバナナだと考えていたことだ。

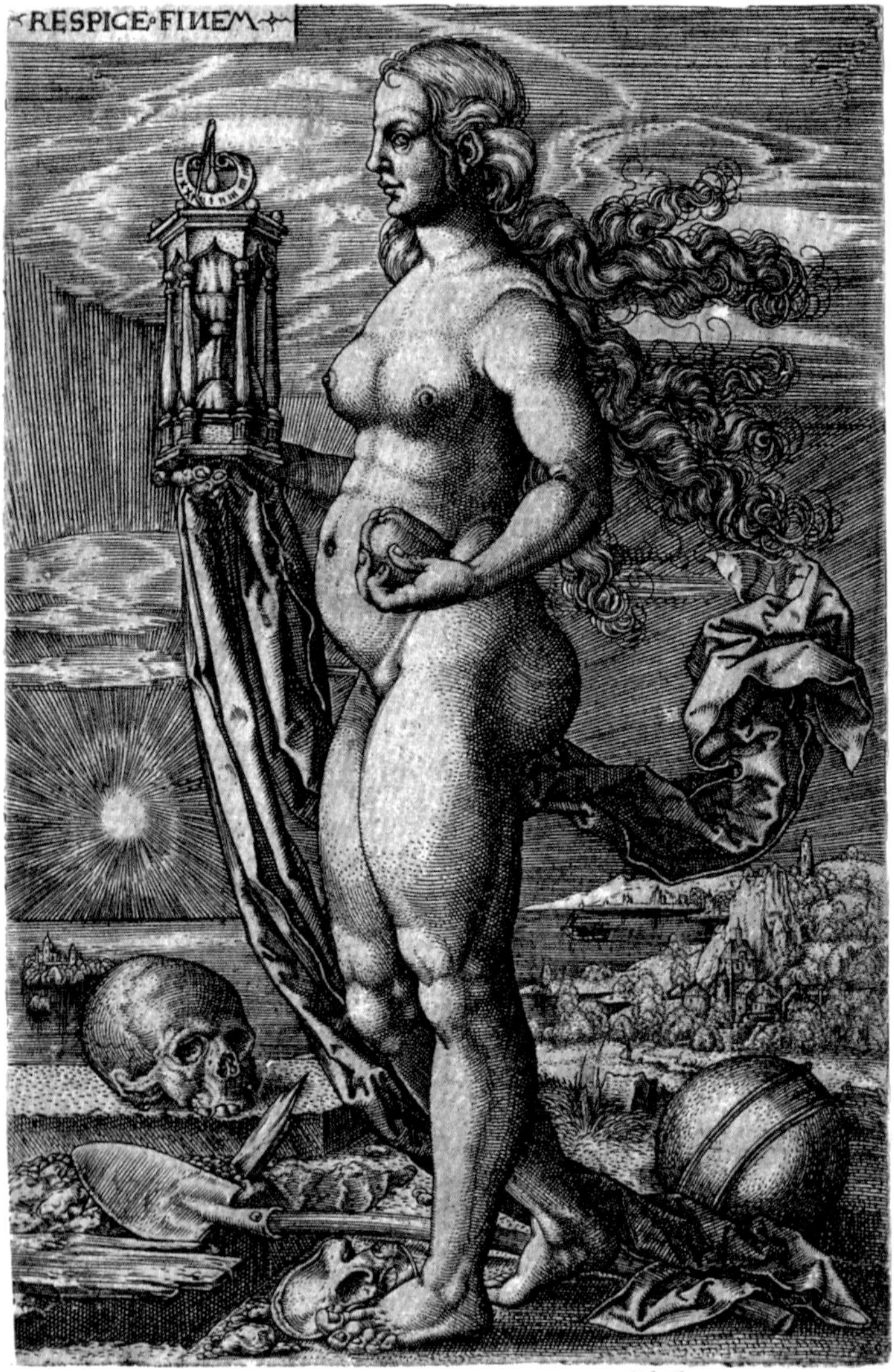

ハインリヒ・アルデグレファー「終わりを考慮せよ Respice Finem」。エングレービング。1530年頃。このメメントモリ（死を忘れることなかれ）の裸体は、死すべき運命の象徴としてエバの罪を呼び覚ますが、手に持っているのはリンゴではなくザクロだ。

とされている。しかし多くの研究者はタプア（tappuah）はリンゴがあった場所ではなく、イチジクかマルメロあるいはブドウが育っていた場所を意味する可能性が高いと指摘してきた。[1] そして聖書に出てくるリンゴについて最も独創的な解釈をしたのが18世紀の植物学者カール・フォン・リンネで、リンネは植物分類学の創始者だが、彼が思いついたのはバナナだった。確かにこれらの果物なら暑い気候のレヴァントでも生育していた可能性は高いだろう。

歴史家のなかには、エデンの園の位置が地理的に特定できると仮定して、聖書の「リンゴ」の謎の解明に面白い説を提起する者もいる。「リンゴ」とされる果実の大部分は寒冷な気候ではなく熱帯の果実ということだ。聖書はエデンの園の場所をかなり特定していて、近くには4つの河川があり、そのうち2本の川は今も存在するユーフラテス川とヒッデケル川すなわちティグリス川だ（『創世記』2章10〜14節）。いくつかの説ではエデンの園は今日のイラクかイラン（現在このティグリスとユーフラテスの2本の河川が流れる）に当たるとされ、両河川はトルコの山岳地帯が源流で、この辺りならパレスチナよりはリンゴに適した気候になる（エデンの園は今日のミズーリ州セントルイスの近郊にあったと信じるのは、モルモン教徒のみだ）。考古学者のユリス・ザリンスは、エデンの園の物語を狩猟採集生活から農業への転換のたとえ話ととらえ、科学的方法を使ってエデンの園の位置を特定した。衛星画像を用いて水路の痕跡をたどり、行き着いたのが現在のサウジアラビアの一画で、そこにはかつて肥沃な谷があり、数千年前に海面が上昇しペルシャ湾に飲み込まれた。[2] 肥沃かどうかはともかく、リンゴには寒冷な気候が必要なことを考えると、南方の暑い地域がリンゴの原産地である可能性は低いように思われる。リンネ説のバナナであれば、この地域でも生育できただろう。リンゴのなかにはウィンターバナナのように、バナナの風味がする品種もある（リンゴ風味のバナナもある）。それでもリンネはエデンの園のリンゴという考えを一蹴した。彼はエデンの存在を信じていたし、そこに実っていた果物はバナナだと確信していたのである。バナナに関する著作もあるサイエンス・ライターのダン・コッペルは、当然ながらバナナ説を熱く支持する。コッペルは、リンネが2品種のバナナにつけたラテン語にエデンの園の手がかりがあると考えている。リンネは一般的な黄色いバナナには「知恵のバナナ」という意味になる Musa sapientum と命名していて、リンネが「知恵の木」を意識していたとコッペルは想像する。さらに緑色のバナナつまりプランテンに、リンネは「楽園のバナナ」を意味する Musa paradisiaca と命名している。[3] コッペルは「バナナは純粋に寓意的な意味でリンゴよりも艶《なま》めかしく、熱帯性で、性的な連想をさせ、魅惑的」と述べる。[4] さらにコッペルは実用的な側面からも自説の妥当性を唱える。アダムとエバが裸体を覆ったとされるイチジクの葉では、裸体を隠しているとは言えない。バナナの大きな葉のほうが裸体を隠すには圧倒的に有利だというのである。

リンゴについて疑問が湧いてくるのは古代ギリシャ神話も同じだ。オデュッセイアの最も有名な一節でホメロスは、オデッセウスが匿われたパイアーケス王アルキノウスの果樹園について、翻訳書によれば、リンゴの木には「艶のある実がたわわになり」「赤くなったリンゴは熟すと黄金色になる」と説明している。紀元前8世紀あるいは9世紀に執筆された作品だが、このくだりは古代世界の文学で初めてリンゴについて語られたことでたびたび引用される。しかし言語学者で歴史家のアンドリュー・ドルビーはギリシャ語の melon は普通「リンゴ」と訳されるが、マルメロやレモンなど当時生育していた丸い果実を指していた可能性もあると指摘する。[5] この説を信じるなら、アルキノウスの果樹園やヘスペリデスの庭からリンゴは姿を消し、パリスがアフロディーテーへ渡そうと手に持っていたもの、そしてヒッポメネースとの競争でアタランテーが足を止めた場所にあったものは未知の丸い果物ということになる。

この果実にまつわる混乱については多くの研究者が想像をめぐらせてきたが、ことの始まりは文学的素養を備えた修道士によるラテン語テキストの翻訳にあったのだろう。旧約聖書は古代ヘブライ語からギリシャ語へ、さらにラテン語そして中世英語へと翻訳されるなかで、修道士らは英語のapple に対応するラテン語 malum を、ラテン語で罪悪を意味する malus と結びつけたのではないだろうか。そしてそれ以降永久にリンゴは罪を具象化する存在として定着したのではないか。ルネサンスの画家たちの絵画によって視覚的イメージが与えられると、それが聖書やギリシャ神話の理解に、さらに民間伝承に視覚的な表現として刷り込まれることになった。エデンの園にリンゴ以外の果実がなっていることを思い浮かべてリンゴの名誉回復に期待しても、この期におよんでイチジクやマルメロ、レモンやブドウそしてバナナが知恵の木になり、ウィリアム・テルの矢で射落とされ、白雪姫が食べ、ニュートンの頭に落ちたのはリンゴではなかったという改訂版をイメージするのは難しい。

●ピーター・ストイフェサントの「リンゴの木」

アメリカで最古のリンゴの木の1本は、物語によると、ピーター・ストイフェサント（1612

～１６７２）が17世紀中頃に現在のニューヨーク市に植えたリンゴとされる。ストイフェサントは１６４７年から１６６４年までニューネーデルラントのオランダ植民地総督を務め、任務最後の年１６６４年にイギリスがこの植民地を占領しニューヨークと改名した。このリンゴの木とその長い生涯の物語については、リンゴの歴史や園芸、料理法に関する多くの書籍やウェブサイトで、実質的にまったく同じ内容が書かれているが、「リンゴ違い」であることは明らかだ。たびたび繰り返される物語は次のようなものだ。ストイフェサントはニューヨークの歴史初期の著名な人物で、彼の母国オランダから例の木を持ち込み、解説の出所によって異なるが１６４７年あるいは１６６７年に自分の農場に定植する（後者の年はイギリスが前総督に農場へ戻ることを承認した年で、その後ストイフェサントはこの農場で余生を穏やかにすごす）。この木はストイフェサント本人より２００年も長く生き、１８６２年にはハーパーズ・マンスリー・マガジンが「ニューヨーク市最高齢の存在」と記している。[6] ２００年以上も同じ場所に佇む間に、周囲は新しいビルディングが次々と建ち、交通量も増加して、一帯はマンハッタン３番街13丁目の賑やかな商業地区となった。しかし１８６７年に荷馬車が激突して根こそぎにされ、荒っぽい最期を迎えた。

物語の証人となるその木はもう存在しないが、生きていたとすれば、伝えられている物語とはちょっと違う内容、つまりはリンゴではなかったことが明らかになっていただろう。１８９０年にこの場所に設置された銘板によれば、倒される直前までその木になっていたのはリンゴではなくナシだったのである。実際にこの銘板はその場所にあった薬局に設置されていて、薬局は「ペアツリー・ドラッグストア」（ナシの木薬局）として知られていた。２００３年にニューヨーク市職員はその場

ソーンアップル（thorn apple、学名 *Datura stramonium*）。水彩。ローマ。1622 ～ 1623 年頃。リンゴではない「リンゴ」のひとつ。

所に本来のナシの木を植樹し「ペアッリー・コーナー」と名付けた。それでもストイフェサントのリンゴの木の物語は多くの出版物で生き続けている。ストイフェサントの子孫の寄付により元々のナシの木の幹の断片がガラスケースに収められ、長年にわたりニューヨーク歴史協会のコレクションとされていたにもかかわらずだ。もちろんリンゴの木説を擁護する者にもまた希望はある。同協会のデジタルアーカイブに保存されているナシの遺物の画像には「研究継続中のため、この資料に関する情報は変更される可能性がある」というただし書きが添えられているからだ[7]。

◉リンゴではない「リンゴ」

味も見た目もまったく違う多くの異なる果実に「リンゴ」という名がつけられていることはよく知られていて、なかにはきわめて毒性の高い「リンゴ」もある。16世紀のスペインのコンキスタドールらが中央アメリカと南アメリカからトマトとジャガイモをヨーロッパへ持ち帰ると、それらにはリンゴを連想させる名がつけられた。最初に持ち帰ったトマトは小さくて黄色だったので「金色のリンゴ」という意味でポメドーロ（pome d'oro）と呼ばれた。イタリア人はすぐにトマトを料理に取り入れ、今もイタリア語ではトマトのことをポモドーロ（pomodoro）と言う。一方フランス人はトマトをtomatesと言うが、ジャガイモは今でもポムデテール（pomme de terre）、つまり「土の中のリンゴ」だ。イングランド人は、トマトが食用の果物としては渋みと強い匂いがあったため、受け入れるまでに時間がかかった。ジョン・ジェラードはトマトのことを「アップルズ・オブ・ラブ」（愛のリンゴ）と呼び、トマトは危険で、おそらく有害な催淫剤になり「身体のための栄養素はほとんどなく、無意味で不道徳」と記している。[8] さらにジェラードは自ら「マッド・アップル」（madde apples）と呼ぶ今日のナスに近い植物や、小さな果実をつける雑草のような植物「ソーニー・アップル」（棘の多いリンゴ）はひどく嫌っていて、次のように記している。

むしろイングランドの人々は、危険を冒してまで果物とソースを食するのでなく、国産の肉とソースで満足することを願っている。これらの「リンゴ」には悪意のある成分が含まれることは間違いないため、その利用は絶対にやめるべきだ。[9]

ジェラードが「愛のリンゴ」と呼んだトマトは、もちろん一般的には果物とは思われていないだろうが、今日では世界で最も多く生産されている果物だと知れば、ジェラードも驚いたことだろう。2010年にトマトは1億4100万トン生産され、その大部分がソースかペーストに加工されている。一方同じ年のリンゴの生産量は6900万トンだった。

ソドムの「リンゴ」にも、その名が暗示するように疑惑の眼差しが向けられている。パレスチナから帰還した中世の巡礼者は、古代都市ソドムとゴモラがあったと信じられている死海の近くで、リンゴが生育しているのを見たと述べている。[10] 堕落と邪悪を象徴する都市が連想されるため、有毒植物の名前にすれば毒性の警告には都合がいい。トマトやナスと同じナス科植物だが、ソドムのリンゴ（*Solanum sodomeum*、現在は *S.linnaeanum*）はオオカミナスビ属の種で、有毒の実がなる。英語一般名でメイアップル（May apple）と呼ばれているポドフィルム（*Podophyllum peltatum*）は草本植物で、アメリカ北東部の森に生育し、小さな傘のように茎がすっと伸びて葉を広げる。丸く黄色い実をつけ摂食すれば致死的な毒性がある。ソーブアップル（*Sorbus domestica*）は、本物のリンゴと同じように食用になる、小さく赤い実がなる木本植物だ。サービスツリーあるいはジューンベリーともいう。さらに南アメリカには「アップル」という名がついたふたつの果実がある。ブラジルの「ウルフアップル」と「パイナップル」でどちらもとてもおいしい。パイナップルはヴィクトリア朝時代の温室で珍重され、その名はもちろん松ぼっくりに似た形状と果汁が豊富なことに由来する。

ウルフアップル（*Solanum lycocarpum*）はブラジルでは実際にオオカミが食べ、人間もジャムとして利用する。最近の研究から本物のリンゴよりも栄養価が高いことがわかっている。[11]

リッツ・クラッカーを使った料理の「モック・アップル・パイ」にはリンゴは入っていない。少なくともその料理名は偽装しているわけではなく、その名通り確かにアップルパイもどきなのである。この料理が発明されたのは1930年台のことで、リッツ・クラカーがアメリカで市販されるようになってまもなくのことで、そのレシピは何十年もリッツ・クラッカーの箱の裏側に載っていた。リッツクラッカーと砂糖シロップで作り、ほんの少しシナモンを加える。最高のアップルパイとは言わないまでも、その味は驚くほどアップルパイにそっくりだ。おりしも大恐慌の時代、表向きは経済的なレシピとして登場したが、当時もリンゴはアメリカの多くの街角で売られていて、決して供給は不足していなかった。おそらくリッツはこのレシピでクラッカーの売上を伸ばす思案があったのだろう。

音楽とテクノロジー産業の双璧と言える企業にビートルズのアップル・コア社と巨大コンピューター企業アップルがあるが、両社は20年以上もリンゴの商標権をめぐって争った。すべての始まりはシュールレアリスム芸術家ルネ・マグリットだった。彼の緑色のリンゴによってリンゴはロゴに変身したのである。マグリットの「リスニング・ルーム」（1952年）は緑一色のリンゴが部屋全体を埋め尽くす巨大な果実として描かれ、マグリットの自画像と言われる最も有名な「人の子」（1964年）では、人間の顔がリンゴで覆い隠されている。これらのマグリット作品によって、緑色のリンゴは象徴的な視覚的記号へ変身した。そして緑色のリンゴを扱った作品のなかでもどち

ルネ・マグリット「人の子」をリンゴなどの果実や野菜で再構成したアロン・ザイドの作品。2011年。マグリットのリンゴの絵はリンゴを視覚的な象徴に変換し、ビートルズのアップルレコードのロゴのヒントとなった。

らかといえば影の薄い「モラのゲーム Le Jeu de Morre」（１９６６年）が１９６０年代にポール・マッカートニーに贈られたことがきっかけで、ビートルズが設立した会社のロゴが決まり、社名も「リンゴの芯」（apple core）のだじゃれでアップル・コア（Apple Corps 発音はアップルコア）とすることになったのである。[12] このシュールレアリストの伝統芸術からの逸脱が、音楽業界の自由人たるビートルズの感性に響いたことは明らかだ。

１９７０年代になるとこのマグリットのリンゴはスティーヴ・ジョブズも刺激した。ちょうどその頃ジョブズは自分の新しいコンピューター会社の名前を探していたところで、アルファベット順で有利でもあったことから、社名をアップルコンピューターとし、のちに「アップル」となり、広告リストの一番最初に載るようになった。アップルのコンピューターが１９８４年に発売した製品はマッキントッシュ（Macintosh）というコンピューターだが、この製品名もリンゴ品種のマッキントッシュ（McIntosh）にちなんだもので、コンピューターの主な開発者であったジェフ・ラスキンの好物だったが、その綴りは商標権上の問題で変更されている。[13] 一方、同社の最初のロゴはアイザック・ニュートンがリンゴの木の下に座るレトロ感漂う図柄で、おそらく天才は同じように考えるということを伝えたかったのだろう。時とともにリンゴの図柄も進化し、色もさまざまに変化し、流行の虹色になったこともあるが、最終的にコンピューターの情報量を表す「バイト」（byte）の言葉遊びで、ひとかじり（bite）されたお馴染みのリンゴとなった。

ビートルズの音楽レーベルとアップル社のロゴデザインは厳密にまったく同じというわけではなかったが、図柄の商標権をめぐって法廷闘争を長々と続ける弁護士の目からすれば十分よく似てい

「弁護士をわたしのコンピューターに近づけるな」。アップル・コンピューター社が1980年代に製作したキャンペーン・バッジで、リンゴのロゴの商標権をめぐるビートルズ・アップルコア社との法廷闘争の一環。

た。この法廷闘争には、本物のリンゴの市場支配をめぐる戦いよりも断固とした意志と資金が投入された。闘争は時に不快なものになり、必然的にエデンの園にいるヘビのイメージが利用されることもあった。1980年代終わりから1990年代初めにアップル社が配布したキャンペーンバッジには、ヘビが虹色のリンゴの内部で毒牙を剥き出してトグロを巻き、「弁護士をわたしのコンピューターに近づけるな」というスローガンが添えられていた。この闘争は23年続いた。その間にビートルズのふたりが他界し、ようやく2007年、ジョブズの会社がビートルズのアップルロゴを買収し、そのライセンスをアップル・コア社に提供することで決着がついた。翌年、今度はニューヨーク市が同市の環境政策（GreeNYC）のロゴとして長年利用していた緑色のリンゴについて商標登録の申請をすると、ジョブズの会社はその申請に異議申し立てをした。結局ニューヨーク市側がリンゴのロゴから葉を取り去ることで合意する。ジョブズが他界した翌2012年には公的手続きがすべて完了し、アップルは製品とサービスの広範囲にわたってリンゴのロゴの登録名義人となった。

第10章　果樹園芸と政治

19世紀のアメリカ愛国主義や大恐慌による貧困問題、さらに多国籍企業の戦略など、リンゴは過去2世紀にわたって政治にいいように使われてきた。時には20世紀の2大覇権であったアメリカ資本主義とソヴィエト社会主義から猛攻撃を浴びせられることもあった。両大国はあらゆる問題で互いに反目し合っていたが、たまたま両国のイデオロギーが結託してリンゴの最高の品質を貶めることになったのである。

アメリカのフロンティアに植えられたリンゴは、同国の拡張論者の熱気を伝える愛国的シンボルだった。19世紀の多くのアメリカ人にとって、西部フロンティアへ移住する過程でアメリカ先住民を強制的に立ち退かせたとしても、それはいわゆるアメリカの「自明の運命」なのであって、当時の宗教、人種、政治の崇高な目的のために正当化された。ジョニー・アップルシードの西部への旅から50年以上たって、チャップマンの情緒的な伝記『種まく人の冒険 *The Romance of the Sower*』（1915年）の著者は、アメリカ先住民を立ち退かせたことを高潔なアメリカの帝国建設の一環

「頭がおかしい（スクリューイ）ならデューイに1票を」。1936年に大統領再選に向けたフランクリン・D・ルーズベルトのキャンペーン・ステッカー。大恐慌を連想させる強力なシンボルであるリンゴと、ルーズベルトの対抗馬トーマス・デューイとを結びつけた。

として描き出した。

彼［アップルシード］の時代は、アレゲーニー山脈を横断する開拓者の時代であり、初期の北西部領土内陸地の地図にない水路を進むボートマン、そして先住民と最後の国境戦争を戦う戦士の時代だった。彼らはみな森林とプレーリーを領土として支配するため尊敬に値する才能を発揮した。[1]

アメリカ先住民が土地を追い出されてからそれほどたたないうちに、今度は小規模農家に工業化の波が襲いかかった。運河や鉄道、冷蔵技術がアメリカ中に瞬く間に広がると、リンゴは小規模農家がつつましく栽培していられるような作物ではなくなった。全国流通の商品となり、大企業に利益をもたらし、新たな農業目標に邁進する政府官僚によって支えられるものとなったのである。早くも19世紀最初の数十年に農業改革者は農民にリンゴ栽培を商品として考えるよう迫り、続々と創刊された園芸学雑誌の記事では、果樹園の利益を上げるために苗木を接ぎ木苗に変更することが推奨された。[2]多くの農家が接ぎ木方式に変えると、それまでリンゴを分かち合ってきた習慣が、文化のなかでも法制度のなかでも変化した。他人の木からリンゴを摘むと、イングランドでは「スクランピング」（果樹園泥棒）と言われ、19世紀ではオーストラリアへの国外追放という厳しい罰にもなる犯罪だった。[3]しかしアメリカでは罪のない子供の悪戯として大目にみられていた。リンゴを取る前に断りを入れるように教えられていたが、少年が黙って取った場合、罰則はあったとしても大したものではなかった。しかし農家がリンゴを商品作物として金銭面から考えるようになると、わずかな窃盗でも有罪とする法律を求める運動が起きた。１８４６年には、かつてジョニー・アップルシードがリンゴ苗を安く、たいていは無料で提供していたあのオハイオ州で、リンゴの木を傷つけたりリンゴを盗んだりした者に対して罰金と最大で禁固60日を課す法律が可決された。[4]

●リンゴのひこばえ

西部へ移住しても高価な接ぎ木苗を購入できなかったアメリカの家族は、リンゴの種をまいたり実生苗を植えたりしたが、貧しい農民になると切り株の根元から伸びる若芽を植えていた。果樹園では、果樹の根元からはえるひこばえ（sucker）は成長している果樹の栄養分や水分を奪うため厄介者扱いされ、刈り取られる。しかしフロンティアへ旅立つことを決意した農民で、家にリンゴの木があったとすれば、そのひこばえを掘り上げて荷に加えただろう。こうして一時的に貧困生活を送る農民とつながりが深かったことから、「ひこばえ」（sucker）という言葉は間もなくして否定的な意味（「だまされやすい人」など）を持つようになり、今日まで続いている。[5]

大恐慌の間、失業者は街角でリンゴを売って日銭を稼ぐしかなくなり、リンゴは貧困の証にもなった。身なりのよいビジネスマンが職を失い、ニューヨークの街角でわずかなお金を得るためにリンゴの呼び売りをする姿は、あらゆる経済階層の人々の胸に響く困難な時代の象徴となった。大恐慌に苦しめられた膨大な数の人々と同じように、身なりのよいビジネスマンであっても結局は「ひこばえ」にすぎなかったのであり、自分ひとりの力ではどうしようもない経済の波に翻弄される貧し

ワシントンDCの合衆国議会議事堂近くでリンゴを売る男性。1930年。大恐慌の間、失業者はリンゴ業界から割安でリンゴを卸してもらい、わずかながらの収入を得た。

い人間のひとりだったのだ。ダニエル・オクレントが著書『大いなる繁栄 *Great Fortune*』で述べているように、「国際リンゴ荷主組合」は余剰作物を失業者に信用払いで売りつけて処理する方法をあみ出したのである。[6] 1930年の「全国リンゴ週間」の期間中にニューヨークでこの計画が立ち上げられ、同組合は1万ドルを寄付している。市場価格より約10パーセント安い価格で失業者にリンゴが卸売りされた。最初のうちは職を失いリンゴ売りになった人のなかにはリンゴ1個50セントで売れた者もいたが、リンゴ売りの数が5000人まで増えると、リンゴの単価は5セントにまで下がった。さらにジェームズ・マクウィリアムズがエッセー『恐慌りんご *Depressio Apples*』で書いているように、リンゴを売るにはマンハッタンの中央集合場所からそれぞれの街角へ自分でリンゴを運ばなければならず、それにはタクシーか軽馬車の利用が必要だったため、利益は雀の涙ほどだった。リンゴの売りあげはリンゴ1個売って5セントが相場だったが、他に職がない状況では、この商売にしがみつくしかなかった。ところが1931年になるとニューヨークのリンゴの在庫が底をつき、荷主組合はワシントン州からもっと高い価格でリンゴを仕入れなければならなくなった。すると多くのリンゴ売りは靴磨きへと流れた。靴磨きは職業としての世間体は落ちるものの、儲けはわずかに多かった。大恐慌が峠を越えるまでにはリンゴ売りの熱気はほぼ冷めていたにもかかわらず、厳しい時代を象徴する衝撃的なイメージとして焼きついたのは、靴磨きではなくリンゴを売る失業者の姿だった。「ではなぜリンゴ売りは記憶に残るという栄誉を得たのだろうか」とマクウィリアムズは問いかける。

その答えは〔リンゴの〕象徴性と関係しているのだろう。男がもうひとりの足元にうずくまり、顔を下に向けてぶつぶつ言っているようすより、ふたりのアメリカ人が向き合って立ち、リンゴと5セント硬貨を交換しているイメージのほうが何故かずっと印象的に感じられるのだ。[7]

大恐慌で最悪の時期には1000万人のアメリカ人が職を失った。だが実際にリンゴを失業の強力なシンボルとしたのは、必ずしもアメリカ最大の都市の街頭のリンゴ売りというわけではなかった。1936年の大統領選挙でのフランクリン・デラノ・ルーズベルトの選挙運動は、リンゴを失業のシンボルとしてライバルのトーマス・デューイーに結びつけた。ルーズベルトの選挙ポスターには大きなリンゴが描かれ、スローガンは「頭がおかしいならデューイーに一票を」だった。

●選挙運動

アメリカの大統領選挙でリンゴを象徴的に利用したのは、ルーズベルトの選挙運動が最初ではなかったし、最後でもなかった。19世紀中頃、工業化と資本主義がアメリカの景観を変化させつつあった時代に、リンゴはよりシンプルな生活へ向けたノスタルジックな意味を持つようになり、便利な政治的ツールになっていた。1840年、アメリカは不況に苦悶するなかで、ホイッグ党の大統領候補ウィリアム・ヘンリー・ハリソンは民主党の現職大統領マーティン・ヴァン・バレンと選挙戦を戦っていた。ハリソンはヴァージニア州の手入れの行き届いた接ぎ木リンゴの果樹園に囲まれた大邸宅に住んでいたが、民主党は彼を「丸太小屋とリンゴ酒」の候補として売り出し、小規模農家

「自由の木で悪魔がジョン・ブルを誘惑」。1798年。銅版画（エッチング）。手彩色。

ウド・ケプラー「共和党のエデンにて In the Republican Eden」。雑誌パック。1907年。このエデンの園の設定は、右側で裸でうずくまる人物がセオドア・ルーズベルト大統領で、トラスト解体を模索し、さらに関税法の制定もにらんでいた。中央にいる天使はトラストを意味し、ルーズベルトが「関税」と記された左側のリンゴの木からリンゴを食べるのを制止している。

の利益を最優先に考えていると訴えた。この主張が二重の意味で皮肉だったのは、禁酒運動の真っ只中であり、そのため自給農家でさえリンゴ酒製造もあきらめざるをえなくなっていたからだ。[8]それでも不況から脱出するシンプルな方法を求めていた有権者は失われた生活スタイルへのノスタルジアに刺激され、その結果ハリソンが当選している。民主党の大統領が20年続いた後の1952年の選挙では、共和党を眠れる白雪姫として象徴的に描く諷刺画もあった。民主党大統領のハリー・トルーマンは毒リンゴを持つ魔女で、共和党大統領候補ドワイト・アイゼンハワーは白雪姫の救出へ馬を走らせる王子様だった。

ルイス・ダルリンプル「待てば甘露の日和あり」。雑誌パック。1897年。

この他にも折々の政局に合わせてリンゴとその有名な物語が改変されてきたことは、さまざまな時代の多様な諷刺画で見ることができる。1798年のイングランドの手彩色による銅版画（エッチング）には、黄金のリンゴでポケットを膨らませる太ったジョン・ブル（イギリスを擬人化したキャラクター）が描かれた。彼が立っているのはリンゴの木の下で、「反逆罪」「奴隷制度」などの罪が記された腐ったリンゴがぶらさがっていて、当時のホイッグ党政治家チャールズ・ジェームズ・フォックスの顔をしたヘビがジョン・ブルに「改革」と記された傷んだリンゴを差し出している。また1883年にはエデンの園が雑誌の表紙を飾り、ニューヨーク市のタマニー・ホール派閥による腐敗した市政を攻撃した。さらに1907年の諷刺画でもエデンの園が舞台となり、大統領セオドア・（テディ）ルーズベルトによる独占的なトラスト解体政策について描かれている。1897年には、アメリカ帝国主義者が全盛をきわめるなかで、諷刺雑誌のパック（Puck）はアンクル・サム（アメリカを擬人化したキャラクター）が農夫の帽子を被ってリンゴの木の下に立つ姿を描いた。そのリンゴの木にはハワイ、キューバ、カナダ、中央アメリカと記されたリンゴがなっていて、アンクル・サムは熟れたらすぐにでももぎ取って足元の非常に大きなバスケットに入れようと企んでいる。

1987年の諷刺画では、ロナルド・レーガン大統領のイラン＝コントラ・スキャンダルをリンゴを使って痛烈に批判した。レーガン政権は議会の規制を覆してアメリカ人人質と交換にイランへ武器を輸出し、さらにその売上金をニカラグアの反共ゲリラ組織コントラ支援に流用していた。この諷刺画では、レーガンは武器協定に署名をしているところで、彼は目隠しをしながら「ところでこれは全国アップルパイ週間の宣言書かね?」とうそぶく。1990年の東ドイツでは、ベルリンの壁崩壊後初の国政選挙が行われ、その選挙運動期間中、キリスト教民主同盟のポスターに描かれたリンゴには左右に1匹ずつ2匹の毛虫がついていて、キャプションには「わたしは左翼と右翼からの板挟み」とある。

アメリカでは冷戦時代の政治にもリンゴとジョニー・アップルシードの伝説が利用された。20世紀前半、社会主義者で作家のハワード・ファーストらライターはアップルシードを荒野にリンゴ果樹園の道を開いたアメリカの優しき英雄としてほめたたえてきた。しかし戦後の「神なき共産主義」への対抗運動の間、アップルシードの英雄的行為にキリスト教的信仰とアメリカ個人主義の意味付けがされた。たとえばディスニーのアニメ映画『ジョニー・アップルシードの伝説』(1955年。1948年製作のオムニバス作品『メロディ・タイム』から「リンゴ作りのジョニー」を独立させたもの)では、アップルシードはリンゴの種子袋と一緒に表紙に金の十字架が描かれた聖書も持っている。歴史家ウィリアム・ケリガンは書いている。

〔このアニメ映画は〕戦後のアメリカ的価値を伝えるほぼ申し分のない説話である。重要なテーマは神の信仰と歴史を変える個人の能力だ。ジョニーは「ここは突き抜けるような青空の下、自分の思うがままに行動する」と歌いながらアメリカの自由を称え、その自由を与えてくれた神に感謝する。[9]

◉世界市場

こうしてリンゴは象徴な意味を変化させながら、20世紀にはリンゴそのものも企業製品へと変容し、政府の政策によって支えられる商品となっていた。メイン州のリンゴ栽培家で伝統的なリンゴ品種も収集しているジョン・バンカーは著書『リンゴの木からそれほど遠くなく *Not Far from the Tree*』で次のように説明している。1927年にニューイングランドの州農業局が、商品として価値があると判定したリンゴ品種の一覧「ニューイングランド・セブン」を発表し、該当する品種を栽培していない農家を落胆させた[10]。さらに第二次世界大戦以降、小規模家族農家が市場競争に巻き込まれ弱体化したため、リンゴ品種の数は減少を続けた。1970年代には、数少ない市場向け品種を重視する大量生産への舵取りがきわめて明瞭になる。リチャード・ニクソン、ジェラルド・フォード両政権でアメリカ農務省長官を務めたアール・バッツはアメリカ農家に規模を「拡大せよ、拡張せよ」とはっぱをかけ、大規模農場に有利な連邦政策を推進したのである。合わせて、アメリカ最大規模の栽培農家らは政府からの補助金と経営に有利な法令を勝ち取ってきた。ケリガンが指摘するように、皮肉なのはリンゴ産業は多国籍企業のように振る舞いながら、ルーツは家族農業にあると宣伝していることだ[11]。

このアメリカリンゴ栽培農家への「拡大せよ、拡張せよ」というスローガンは、厳しい世界的市場競争が迫っているという警告でもあった。1980年代と90年代には海外からの輸入が増加したことで、アメリカのリンゴ農園のおよそ20パーセントが破産した。オーストラリアからグラニー・

スミスが、ニュージーランドからはガラとブレイバーン、日本からはふじ、そして中国からリンゴ濃縮果汁が押し寄せたのだ。[12] 政策的な支援を受けて大きくなったのはアメリカのリンゴ産業だけではなかった。1980年代の終わりには北京政府が中国のリンゴ・ブームに火をつけた。当時の中国のリンゴは小さくて味がなく、世界市場に参入できる見込みは薄かった。しかし中国はレッドデリシャスとゴールデンデリシャスの輸入を開始し、国内の品種を改良する新たな技術開発に利用する。その後中国だけでなく、リンゴの世界市場でも次第に貿易と政策の戦略的駆け引きが見られるようになった。日本のリンゴ栽培農家は特に輸入リンゴには敵対的だが、独自の交配種の開発を進めるため、海外で開発された品種の利用には反対していない。1930年代に日本の育種家はゴールデンデリシャスと日本の印度《いんど》というリンゴを掛け合わせ陸奥《むつ》という品種を生み出し、英語ではクリスピンと言う。ふじもレッドデリシャスとヴァージニア州で生まれた18世紀の伝統品種ロールズジェネット（国光）という2種類のアメリカ産リンゴを掛け合わせて日本で開発された。それでも日本は1971年までリンゴの輸入は一切認めず、その後も30年間にわたり驚くほど厳格で費用がかかる衛生上の規制を課すことで実質的に輸入を阻止していた。[13] この日本の規制は世界貿易機構（WTO）の紛争解決手続きに訴えられ、ようやく2005年に解除されている。

18世紀と19世紀には、イギリスとヨーロッパの探検家が極東から多くの植物と花を西洋へ持ち帰っていた。今日の日本のリンゴと中国の果汁は、かつてと若干の違いはあるものの、ふたたび極東の果樹をヨーロッパへもたらしている。皮肉なのは、今ではアメリカのリンゴ栽培農家が中国産リンゴの流入を食い止めるため輸入規制を求める一方で、中国で市場向けに栽培されているリンゴの大部分は西洋品種として中国へ導入されたものなので、多くの中国人は現在でもリンゴは海外の果物だと思っていることだ。[14]

●殺虫剤の政治学

「化学兵器」に依存したリンゴの大量生産と手を携えていたのは、殺虫剤の政治学だ。1880年代の初め、アメリカのリンゴ生産者に新しい化学的防除法つまり農薬が導入されると、アメリカ農務省は農薬を熱狂的に支持し、農民に化学薬品の使用を積極的に奨励した。[15]それから100年たち、市民がDDTなど化学農薬の危険性を鋭敏に察知すると、政府当局は産業界と環境団体の大きな対立構図の真っ只中に立たされた。リンゴ業界で論争が勃発したのは1989～1990年にかけてのいわゆる「アラールの恐怖」（Alar Scare）においてだった。アメリカで20年以上もリンゴの木に噴霧されていたアラールという商品名で知られる化学薬品ダミノジドは、大量に暴露すると発がん性を示すことが実験室試験で明らかになったと、環境団体が報告したのが発端だった。この農薬は主に赤いリンゴの品種に用いられ、特に矮性の接ぎ木台木で育てたリンゴに噴霧された。そのようなリンゴは完全に赤くなる前に落果する傾向があるからだ。アラールを噴霧すると完全に熟さなくてもリンゴは一様に赤くなり、落果を予防でき、見た目もよくなり、長期貯蔵も可能になった。このレポートは人気のテレビ番組で全国放送され、警鐘を鳴らすこととなった。当時、幼児を抱える母親だった女優のメリル・ストリープは、アラールの子供に対する発がん性リスクを公然と厳しく非難した。こうした抗議の声によってアメリカ環境保護局がアラールの使用禁止に動くと、リンゴの販売量は急落した。しかしニューヨークタイムズの論説委員が論評したように、「裏切られた農薬の怨念ほど恐ろしいものはなかった」[16]。これに激怒した食品業界と農薬業界は反撃に出て、アラールが有害な作用を持つとする証拠はほとんどなく、メディアが勘違いの警鐘を鳴らしたため、リンゴ栽培農家は甚大な損害を被っていると主張した。豊富な資金力に裏打ちされた企業キャンペーンによって環境保護局は全面禁止を撤回することになる。その結果は産業界と環境保護主義者にとって痛み分けのような形になった。この論争で産業界は「恐怖」（scare）という言葉を使って、農薬は現実的な脅威ではなく、市民が怖がっているにすぎないと主張した。この手法は今も利用されている。そしていくつかの州では、食の安全性への不安を掻き立て農家に経済的負担をかけるメディアと著名人を告訴するうえで、強力な論拠となる法律が可決された[17]。一方でこの論争により農薬への懸念が高まったことで、環境保護側も議会で規制法を可決させることができたのである。

中西部でリンゴの新品種の繁殖や果実の販売を行う組合MAIA（Midwest Apple Improvement Association）は、現在では双方の議論を反映している。アラール事件については「無害でほぼ存在しないリンゴの残留農薬について……メディアがセンセーショナルに取り上げたにすぎない」とする一方で、農薬については他の生産者とはまったく異なる見解を表明した。MAIAの共同設立者のひとりであるミッチ・リンドは「リンゴの歴史 Great Moments in Apple History」のなかで、これまで伝統的に農薬で対応してきたリンゴの病気を「耐病性があり遅咲き苗の育種に努めることで自然に回避する」ため1998年に同組合が組織され、「化学農薬会社を縮みあがらせる」ことにもなったと誇らしげに解説している。また、リンゴ農家はあまり注意していない重要な点についても指摘している。それは、農業と機械技術を学ぶ「ランド・グラント大学」の経営上の問題だ。同大学の運営資金が、市民の税金や寄付金に代わって、農薬製造会社からの資金提供が増加しているのだ。[18]

●ソヴィエトのリンゴ

アメリカのリンゴ生産では企業資本主義の否定的な影響があることはよく知られている。しかしかつてのソヴィエト連邦がリンゴの遺伝的多様性の知見を握りつぶしていたことについてはあまり知られていない。ヨハン・ジーファースがカザフスタンで生育するマルス・シエウェルシ（*Malus sieversii*）という種を同定したのは1793年のことだったが、別の科学者が栽培品種のリンゴとの遺伝的関連性に気づくには、それからさらに136年かかった。S・A・ビーチが「リンゴの原産地ははっきりわかっていない」と書いたのは1905年だ。[19] このミステリーは1929年に解決する。ロシアの植物遺伝学者ニコライ・ヴァヴィロフが植物学の学術遠征でラバの荷車に乗って到着したのは、カザフスタンの天山山脈を通るシルクロード沿い、アルマトゥ（「リンゴの父」を意味するロシア語にちなんだ地名）という古代の交易中心地だった。そこでヴァヴィロフが見たものは、渓谷や斜面のいたるところが驚くほど多様な野生リンゴの木で覆われ、大きな果実をならせている光景だった。栽培植物の原産地はその遺伝的多様性が最大となる地域であるとする自らの理論から、ヴァヴィロフはカザフスタンのリンゴが栽培品種の甘いリンゴの祖先であることをすぐさま理解し、その一帯がリンゴの研究と育種にとって宝の山であることに胸を膨らませた。

ところがヴァヴィロフの発見も彼自身も悲劇に見舞われる。ソヴィエトのイデオロギーによって葬り去られたのである。ヨシフ・スターリンの全体主義体制（1942〜1953）が科学も含めソヴィエト社会の隅々までを支配した時代だった。スターリンの科学顧問トロフィム・デニソヴィチ・ルイセンコは、メンデルの遺伝学と遺伝形質の存在という明白な事実を共産主義者の思想に反するとして非難していた。当時の共産主義者にとって人間は社会環境によって形成されるものであり、共産主義はそれを実践するものと確信していたが、そうであれば植物や動物の進化もその祖先からではなく、環境から獲得した形質を通して進化するとされた。20世紀の初めの30年間はロシアが遺伝科学の最先端を走っていたが、ルイセンコの社会主義におもねった遺伝学がソヴィエト農業の基盤に据えられると、壊滅的な食糧不足と飢饉を招くことになった。1940年代にはヴァヴィロフのような科学的な遺伝学者は反逆者として逮捕された。ヴァヴィロフは最後にはレニングラードの刑務所に送られ、ドイツがレニングラードを包囲するなか、1943年に餓死している［サラトフ州の州都サラトフの監獄で餓死したともされる。以下のウェブサイトを参照。https://www.britannica.com/biography/Nikolai-Vavilov/］。

ヴァヴィロフの発見は50年近く隠蔽されていたが、かつてカザフスタンでヴァヴィロフの助手を務めていたカザフの植物学者アイマク・ジャンガリエフの努力によって、ようやくヴァヴィロフの発見も日の目を見ることになった。ジャンガリエフ自身も際どいところでソヴィエトの迫害を逃れ、アルマトゥで実質的に隠遁生活を送りながら静かに恩師のリンゴ研究の後を継いでいた。しかしジャンガリエフが高齢になる頃には、リンゴの原生林はスキーリゾートと鉱山の開発で脅威にさらされ、

「フォールン・フルーツ・コラボレイティブ」（デイヴィッド・バーンズ、マティアス・ヴィージェナー、オースティン・ヤング）による。「アーバン・フルーツ・アクション Urban Fruit Action」。連作ポスター。2005年。

リンゴの盗み採り（スクランピング）

現在もその状況は続いている。[20] １９８０年代末、ジャンガリエフは、天山山脈の厖大な遺伝子資源とその重要性を認識してもらうため、アメリカの植物科学者の団体を招いた。１９８９年８月にはアメリカ・クローナル・ジャームプラズ・レポジトリ（U.S. National Clonal Germplasm Repository）がアルマトゥに到着し、最初の学術遠征を実施し、研究と種の保全のため、さらにリンゴの未来を守るために種子と接ぎ穂を収集した。

●リンゴ活動家

リンゴなどの果実市場が企業によって支配される状況に対して、１９８０年代に政治的戦術を取り入れた草の根運動が出現する。そうした団体のひとつが「フォールン・フルーツ」（Fallen Fruit）だ。ロサンゼルスを本拠地とする芸術家のコラボレーションで、街路や歩道に張り出している近所の果樹を地図上に示し、町の恵みを自由に取って食べようと呼びかけたのである。この運動のポスターは「家の近くに果樹を植えよう」と訴え、第二次世界大戦中の硫黄島で3人のアメリカ兵士が星条旗を木に括って立てようとしている有名なイメージのパロディに仕立てられた。ポスターの兵士は星条旗を立てるのではなく、都会の景色を背景にリンゴの木を植えている。またサンフランシスコの「ゲリラ・グラフターズ」(Guerilla Grafters) は観賞用の樹木に密かに果樹の枝を接ぎ木している。イギリスでは「アバンダンス」(Avandance) と「ロンドン・オーチャード・プロジェクト」(London Orchard Project) がかつて伝統となっていた果実の盗み採り (スクランピングと言われる) を復活させた。おとなと子供が集まってフルーツ・ゲリラとなり、フェンスをよじ登り、ねずみや野良犬、割れたガラスビンなどもろともせず、放棄された庭になっているリンゴをもぎ取る。時には裏庭にある果実に手が届かない家主がフルーツ・ゲリラに助けを求める場合もある。なかにはいくつかの学校が集まって学校の基金を得るプロジェクトとしてフルーツ・ゲリラを立ち上げることもある。もぎ取った果実をレストランへ売り、その売上金を学校運営に当てている。スクランピングつまり無断でリンゴを取ることは、現代のイングランドでも非合法だが、公文書館によれば記録に残る最後の告訴は1829年だ。[21]

第11章　リンゴの現在と未来

世界のリンゴ生産量は果実のなかで最大というわけではない。トマトを入れないとしても（トマトは一般に果実とは思われていないが、植物学的には果実）、リンゴはバナナ、オレンジ、ブドウについで世界生産量第4位だ。[1] しかしリンゴは世界中で最も広い範囲に生育する適応能力の高い果樹で、世界各地で栽培されている。中国とアメリカがこれまで他を大きくリードしているが、2010年の農業統計によれば、この両国の他にも多くの国でリンゴが生産されていて、少なくとも西洋の感覚では驚くような場所でも生産されている。リンゴ生産量の第3位はトルコだ。普通ならリンゴよりトマトの国と思われているイタリアが4位だ。フランスにはおいしいタルトがありドイツにはシュトルーデルがあるにしても、ヨーロッパ最大のリンゴ生産国といえばイタリアだ。リンゴはイタリア語でメーラ mela といいラテン語の malus に由来し、イタリアのリンゴの大部分はドイツ語も使われる北部地域で栽培されている。フランスはリンゴ生産ではポーランド（5位）そしてインド（6位）に次ぐ第7位で、ドイツ（14位）より上位につけ、イギリスはといえば大きく

グ・デシャン（顾德新）作。アップルアート・インスタレーション。2012年。北京。デシャンは作品に解釈を加えるのは好まないが、世界最大のリンゴ生産国である中国の役割を称えるにふさわしい作品。

水をあけられて、一覧にある93ヵ国中の38位だ。

しかしリンゴの需要については ヨーロッパでもアメリカでも下落していて、世界のリンゴ栽培農家の未来を不確実なものにしている。そんななかで現在のリンゴ栽培はまったく正反対の方針に分裂している。世界市場を支配する巨大生産者と、多くの場合、伝統品種を栽培する地元の小規模果樹園だ。どちらの経営方針にしても、極度に競争的な市場での生き残りについて、さらにリンゴそのものの将来について懸念されている。この問題の影響は幅広く、農薬や遺伝育種の経済的費用や環境的費用、果実の品質や生物多様性などにも関係してくる。単純な答えは存在しないが、数多くのアプローチによる解決策が模索されている。

●農薬を使うべきか、使わざるべきか

子供向けのベストセラー小説『大草原の小さな家』（1932〜1943年）で有名な作家ロー

ラ・インガルス・ワイルダーは、1912年に地元新聞のコラム欄でミズーリ州オザーク高原にある彼女のリンゴ園のことを書いている。当時はさまざまな種類の農薬を噴霧することが当たり前になっていたが、ワイルダーは決して農薬を使わなかった。その代わり、木灰を土壌に漉き込むことでリンゴワタムシを防除し、ニワトリとウズラを放し飼いにしてリンゴの木の周りをついばませ、キクイムシを寄せつけないようにした。[2]

農村部に住む園芸愛好家であればワイルダーのアドバイスも役立つかもしれないが、残念ながら今日の大規模リンゴ生産に適した考え方ではないだろう。ほとんどの市場向けリンゴ栽培農家では規模が大きくても小さくても農薬を使っているので、農薬費用が増えればその分利益が目減りすることになり、使わなくて済むのであればそれに越したことはない。しかし無農薬栽培を推進するにしても、1980年代のドラッグ撲滅キャンペーンのような「ノーと言おう」(Just Say No)のように、ただ農薬を使わなければうまくいくというわけではない。リンゴ果樹園は害虫や病原菌、真菌類に毎日宴会場を提供しているようなものだからだ。さらに、無農薬リンゴの需要が増えつつある一方で、一般大衆はスーパーの傷ひとつない果物に慣れ切っているため、無農薬リンゴにある無害な斑点でさえ我慢できない。それでもひるむことのない小規模果樹園は数多く存在する。アップステート・ニューヨークにブリージー・ヒル果樹園とサイダー工場を所有するエリザベス・ライアンは、アメリカの「訳ありトマト」キャンペーンで、きれいな球形をしたトマトより不恰好でも風味の良い伝統品種のトマトを買い物客に勧めるのをまねて、「訳ありリンゴ」キャンペーンを提案した。[3] ライアンは現在増加しつつある小規模リンゴ果樹園を経営しているわけだが、総合的害虫防

ニュージーランドの有機栽培リンゴ園での農薬噴霧。特定の植物性及び「天然」鉱物性殺虫剤なら有機栽培とみなされる。

除を実践して農薬を厳しく制限しつつ、特定の害虫を標的にする代替的手法を用いている。

有機農法で伝統品種を栽培する果樹園も増加しつつあるが、有機農法といってもすべてが無農薬というわけではない。有機農法でもロテノンなど特定の植物性殺虫剤を使用している場合があり、害虫と同時に益虫も殺してしまう。ヴァーモント州スコット・ファームの伝統品種果樹生産者エゼキエル・グッドバンドは、特定の害虫だけを標的にした農薬を噴霧しつつ、同時に他の害虫にも有効なさまざまな代替的防除方も利用している。[4] たとえば害虫のなかでも最悪なのがリンゴミバエで、幼虫がリンゴを穴だらけにして食い進み、その跡が褐色になる。そこでタングルトラップという粘着質の素材で覆われた大きくて赤いおとりのリンゴを仕掛けておくと、適した産卵場所を探すメスがおびき寄せられ、そのおとりリンゴに捕まって死ぬ。「木に迷惑をかけないほど、木にとっては幸せなのだ」とグッドバンドはいう。[5]

慣行農法に取り組む果樹園のなかには病害虫を防除するための農薬を噴霧するだけでなく、土壌の養分を消費する雑草を枯らすため、除草剤を果樹の間に帯状に撒く場合もある。しかしグッドバンドによると、除草剤が原因で果樹に根づまりが生じる。つまり木の周囲の狭い範囲にしか根が伸びなくなる。すると鉢植えの植物のように余分な肥料が必要になる。グッドバンドは自分のリンゴの木は「放し飼い」状態だと説明する。つまりリンゴの根が放し飼いの豚のように、土壌中で自由に羽を伸ばしているというのだ。[6]

ニューハンプシャー州ハートソング・ファームのマイケル・フィリップスは農薬を一切使わない決断をした。アメリカの有機認証果樹園で使用が許可されている硫黄剤や銅材など「自然に優しい」とされる農薬の噴霧も行っていない。しかし言うは易しで、実際には簡単ではなかった。特にシンクイガの防除は難しく、放っておけばリンゴの木は枯死してしまう。「シンクイガで学位を取りながら、リンゴの木を50本を失った」とフィリップスは打ち明けた。[7] そしてついにフィリップスは自然な解決策を発見する。ニーム・オイルを噴霧し、魚から作った液肥も噴霧、さらにリンゴの周りにトクサとイラクサを植えた。このふたつの野生植物には珪素が多く含まれ真菌類による病気の予防になる。

フィリップスはミツバチの個体数減少という問題にも取り組んでいる。２００６年以降北アメリカの養蜂家は毎年ミツバチコロニーのおよそ3分の1をいわゆる蜂群崩壊症候群で失ってきた。その原因は完全に確定はされていないが、ミツバチの検査から多くの作物に利用される多様な農薬が高濃度で検出されている。フィリップスは受粉用のミツバチを、初期のアメリカ植民者が無視した在来種のツツハナバチとマルハナバチに切り替えてみた。「ミツバチは銀行のようなもの」とフィリップスはいう。「ミツバチが働くのは9時から5時まで、しかも気温が15・5度のときだけだ。一方マルハナバチとツツハナバチは夜明けから日没まで働く。すべての花の雌しべに受粉し、すべての花に実がつくようになる[8]」。

またフィリップスは日本で行われているようにリンゴに袋がけをするが、別にアート作品を制作しているわけではなく、害虫を寄せ付けないためだ。こうした労働集約的な手法は市場向けの大規模農園では実用的ではないが、『ホリスティック果樹園――果樹を育てる生物学的方法 *The Holistic Orchard: Tree Fruits and Berries the Biological Way*』（２０１１年）の著者でもあるフィリップスは、他の小規模果樹園種や国内の庭師と情報を共有することで小規模果樹園の数を増やし、農薬使用を減少させたいと考えている。

◉温故知新

19世紀末、ヴィクトリア朝時代の植物探検家たちが世界中でエキゾチックな植物や食物を発見していた頃、イングランド内地では伝統的なリンゴの味にノスタルジアを感じるようになっていた。そんななかでほとんどの店のショーウィンドウにアメリカ産リンゴが並ぶようになると、園芸家や庭師たちは失われたイングランド品種のリンゴを再発見し、それらを栽培し始めた。こうした動きは海の向こうのニューイングランドのリンゴ愛好家の胸にも響き、アメリカでも伝統品種のリンゴ栽培が始まった。大量市場向け品種に立ち向かうため、国内の伝統品種を探し出し、消滅の危機にある伝統品種を復活させようとするニュータイプの探検家や果樹栽培家が現れたのである。

メイン州で「指名手配。生け捕り限定」のポスターを掲げるジョン・バンカーは、パレルモという小さい町のスーパー・チリー・ファームで現在200以上のリンゴを栽培し、中には樹齢200年以上のものもある。[9] グッドバンドはユニークな歴史を持つ果樹園スコット・ファームで90種以上の伝統品種を栽培している。ヴァーモント州南東部に位置するダマーストンにあるスコット・ファームの敷地には、かつて1892年から1896年までラドヤード・キプリングの自宅があった。キプリングはそこにアメリカ人の妻とともに自力で家を建て「ナウラカ」と命名した。ヒンズー語で「お金では買えない宝」という意味がある。ここでの短い生活の間にキプリングは『ジャングルブック』と『我は海の子 *Captains Courageous*』を執筆し、『少年キム』と『ゾウの鼻が長いわけ——キプリングのなぜなぜ話』を書き始めている。果樹園は1915年に家族農園として開かれ、数世代にわたり経営されたのち徐々に勢いを失った。イギリス建築物保全団体ランドマークトラストのアメリカ支部が1933年にナウラカを買い取り、家屋と果樹園を復元している。[10] グッドバンドは2001年に伝統品種の接ぎ穂コレクションを携えてこの土地に立ち、5000本の古木に接ぎ木を施した。

南部の古いプランテーションで栽培されていた「アンティーク・アップル」も息を吹き返し、新世代の伝統品種愛好家の間で共有されている。クレイトン・リー・カルフーン・ジュニアは2000品種のリンゴ目録『南方の古いリンゴ *Old Southern Apples*』の新版の著者で、ノースカロライナ州ピナクルの自分の果樹園ホーン・クリーク・リヴィング・ヒストリカル・ファームで300種以上の伝統品種のリンゴを栽培し、若いリンゴ栽培家に苗木を何百本も寄付している。[11] また、『北アメリカのリンゴ――庭師と栽培家そしてシェフにおくる192の特選品種 *Apples of North America: 192 Exceptional varieties for Gardeners, Gowers and Cooks*』（2013年）の著者でリンゴ史家トム・バーフォードは、ヴァージニア州で家族経営していた育苗園を廃業すると、200種に及ぶ伝統品種の自らのコレクションを他の果樹園家に寄贈した。こうして古い品種を育て続けることには、地元客においしいリンゴを提供する以上の意味がある。

気候変動のため北方のリンゴの木にとっては春の気温が高くなり、気温の低い日数（花を咲かせて果実を実らせるために必要）が減少しているので、北方の苗に代え耐暑性のある南方の品種に置き換える必要が出てくるだろう。また『熱帯のリンゴ栽培――思いもよらない気候条件でのリンゴ栽培 *Growing Apples in the Tropics: The Complete Guide to Growing Apples Where they're Not Supposed To*』（2011年）の著者ケヴィン・ハウザーによれば、南方品種のリンゴは、独自に育苗計画を進める力のない開発途上諸国の経済を救済することにもなるという。ハウザーはカリフォルニア南部のリヴァーサイドにカッフェル・クリーク・アップル・ナーザリーを所有し、高温の内陸性気候に適するリンゴ品種を専門に栽培している。ハウザーによると、200年選抜育種を続けていけば、南方の古いリンゴは暑さと湿度そして病気にもうまく適応し、熱帯アフリカやカリブ海でリンゴ産業が登場する可能性もある。[12]

伝統品種の生産者はたいてい絶賛されているハニークリスプ（ハニークランチ）などの最新品種には関心がなく、自分のリンゴがスーパーマーケットで人気が出ることも望んでいない。古い品種の多くは傷みやすいため長距離出荷には向かず、長期貯蔵ではその風味が保てないため、大市場向けの慣行農法果樹園ではこうした品種が放棄されてきたこともよくわかる。「クリスマスまでに売り切るんだ」とグッドバンドは言う。[13]幸運にも伝統品種を栽培する果樹園が増加しているため、大きなリンゴ育苗園でも伝統品種の苗木を取り扱うようになってきた。たとえばスターク・ブラザーズではコックス・オレンジ・ピピンやベン・デイヴィスといった伝統品種苗をいくつか取り扱っている。さらにワシントン州の慣行栽培リンゴの超巨大生産者ステミルトも、有機生産果樹の供給元として国内最大の規模だ。しかし「道を開いたのは小規模農家や小規模果樹園の所有者であることが多い」とデイヴィッド・ブキャナンは説明する。また、地元品種のリンゴで大市場を席巻するといった考えは現実的ではないとし、「地元品種のリンゴに一番お似合いな地位は食卓だ」とブキャナンは言う。[14]輸入リンゴが数のうえで地元産リンゴを圧倒するイングランドなどの国では、慣行農法であっても地元産リンゴを栽培する農家は、スーパーマーケットの棚にリンゴを並べてもらわなければならない。そうでなければ最終的にすべてのリンゴが輸入品となってしまうだろう。[15]

◉バック・トゥー・ザ・フューチャー

慣行栽培のリンゴ育種家が用いる育種戦略と、伝統品種を育て、農薬を使わない有機栽培果樹園を支える育種家のそれとは、まったく異なる。将来に向けて最も期待できる育種戦略は、実はリンゴそのものが持っている。つまり害虫や病気に耐性のある品種を開発する無限の遺伝的可能性と、栄養価の高さとおいしさが鍵なのだ。カザフスタンのアルマトゥの森で研究チームが発見した驚くべき事実のひとつは、商業果樹園のリンゴとくらべて、野生リンゴのほとんどが害虫の被害を受けにくいことだった。アメリカの研究チームがアルマティを初めて訪れたのは1989年のことで、多くの国の科学者が参加し、リンゴの将来のための研究と保全のために多様な品種のサンプルを収集した。アメリカ農務省（USDA）の園芸学者フィリップ・フォースラインは、1990年に何度か研究遠征を実施し、14万個の種子と900本の接ぎ穂を、ニューヨーク州ジェニーヴァにある農務省植物遺伝資源ユニットに持ち帰った。ここにはリンゴ品種と近縁種の世界最大のコレクションが保存されている。[16] これらの種子がリンゴの遺伝子情報の基盤となり、接ぎ穂を使ってリンゴの品種改良のための育種を進める果樹園が開設されている。

ジェニーヴァの試験場では100年前から、つまりアメリカ政府によって連邦が補助する農業試験場が全州に設置されたときから、リンゴのデータ収集が始まっていた。1880年代末には害虫と病気の防除が最優先事項で、化学農薬がその解決策と考えられていた。商業規模のリンゴ果樹園にも個人レベルの果樹園にも化学農薬が推奨されたが、耐病リンゴの育種も遅まきながら始まっていて、まったくの偶然から育種に成功することもあった。1907年にイリノイ大学の園芸学者チャールズ・クランドールは、さまざまな野生リンゴと商業用の栽培リンゴの交配を開始した。ことさら耐病品種を狙っていたわけではなかった。ところが1943年にリンゴ黒星病の大流行が発生し、農薬を使わなかった果樹のほとんどが葉を落としてしまったのだが、クランドールが交配して作った苗木のなかには生き残ったものがあることを別の園芸学者が発見した。それ以来、アメリカをはじめ世界中の研究試験場の育種家が耐病性品種を生み出す交配実験を続け、黒星病やうどんこ病、火傷病に耐性のある1000以上のリンゴ品種が開発された。しかし、野生リンゴの黒星病への耐性は、病原菌の進化によって次第に低下していった。異種交配で耐病性の原種として使われる日本のカイドウズミ（*Malus floribunda*）も含め、多くの品種が1年に何度か殺菌剤の処理が必要になる。[17]

それでも今日の園芸家は進歩した遺伝子科学と、中央アジアの古代の森に由来する何千ものリンゴ品種で武装している。この森は将来のリンゴにとって未知の遺伝的可能性の膨大な貯蔵庫だ。ジェニーヴァの圧倒的なコレクションやイギリスのナショナル・フルート・コレクション、ドイツのリンゴ遺伝子バンクとも連携することで、園芸家はスーパーマーケットに並ぶクローンばかりのリンゴの浅い遺伝子プールを、深く豊かにする、巨大な品種貯蔵庫と遺伝子技術を手にしているのである。

●遺伝子組み換えリンゴ

耐病品種の開発には膨大な時間と資金がかかる。したがってリンゴ産業がいつ農薬の使用を止めるのか、あるいは大きく減少させるのかを予測するのは難しい。たとえばワインクリスプというリンゴは、耐黒星病の遺伝子を持っているが、遺伝子工学で開発されたのではなく、一般的な選抜育

カイドウズミ（*Malus Floribunda*）の植物画。1845年。この美しい野生リンゴは最初は黒星病への耐性を示したが、他の野生リンゴ品種と同様に、今では頻繁な殺菌剤による処理が必要だ。

種によるもので、20年もの年月をかけて2009年に種苗園に提供できるようになった。試験苗として植えた何千本もの苗木のなかからおいしいリンゴを発見するだけでも「土を篩にかけてダイヤモンドを見つける」ようなものだと、1日におよそ500から600個のリンゴのテイスティングをするミネソタ大学のリンゴ育種部長デイヴィッド・ベッドフォードは言う。[18]

有名なリンゴ品種のほとんどは数百年前に偶発実生として出現したものだが、今日では自然に芽を出した果樹が市場に出まわるようになることはほとんどない。過去50年以内だとそうした品種は十種類にも満たないのだ。一方、リンゴの両親の遺伝子を解析して次世代のリンゴの特性を予測すれば、見た目も味も良い新品種をずっと早く発見できる。しかしこうした技術が用いられた事例はまだ少ないうえ費用も高く、ひとかじりで風味を判断できる熟練した育種家にくらべると、最新技術の信頼性はまだ未知数といったところだ。だが遺伝子工学者は、実質的にあらゆる生物から期待できる遺伝子を取り出し、他の生物に移植することができる。たとえば北米の大型の蛾アカスジシンジュサンから遺伝子を切り出し、リンゴに移植して火傷病を予防することも可能なのだ。[19]

ところが異種間の組み替えに限らず、遺伝子組み換え（GM）食品に対する市民の抵抗と強い拒絶反応が生まれ、切ったときに茶色く変色しにくいという比較的素朴なGMリンゴに対しても、きわめて否定的な反応が現れた。2012年、ブリティッシュコロンビアに拠点を置く企業が、「アークティック」という品種のリンゴをアメリカで販売するための認可を模索していた。この新しいリンゴは、果肉が空気にふれると茶色く変色させる酵素を大きく減少させるために、遺伝子組み換え技術を利用している。このとき利用される遺伝子は別の生物種ではなく、リンゴの遺伝子に由来す

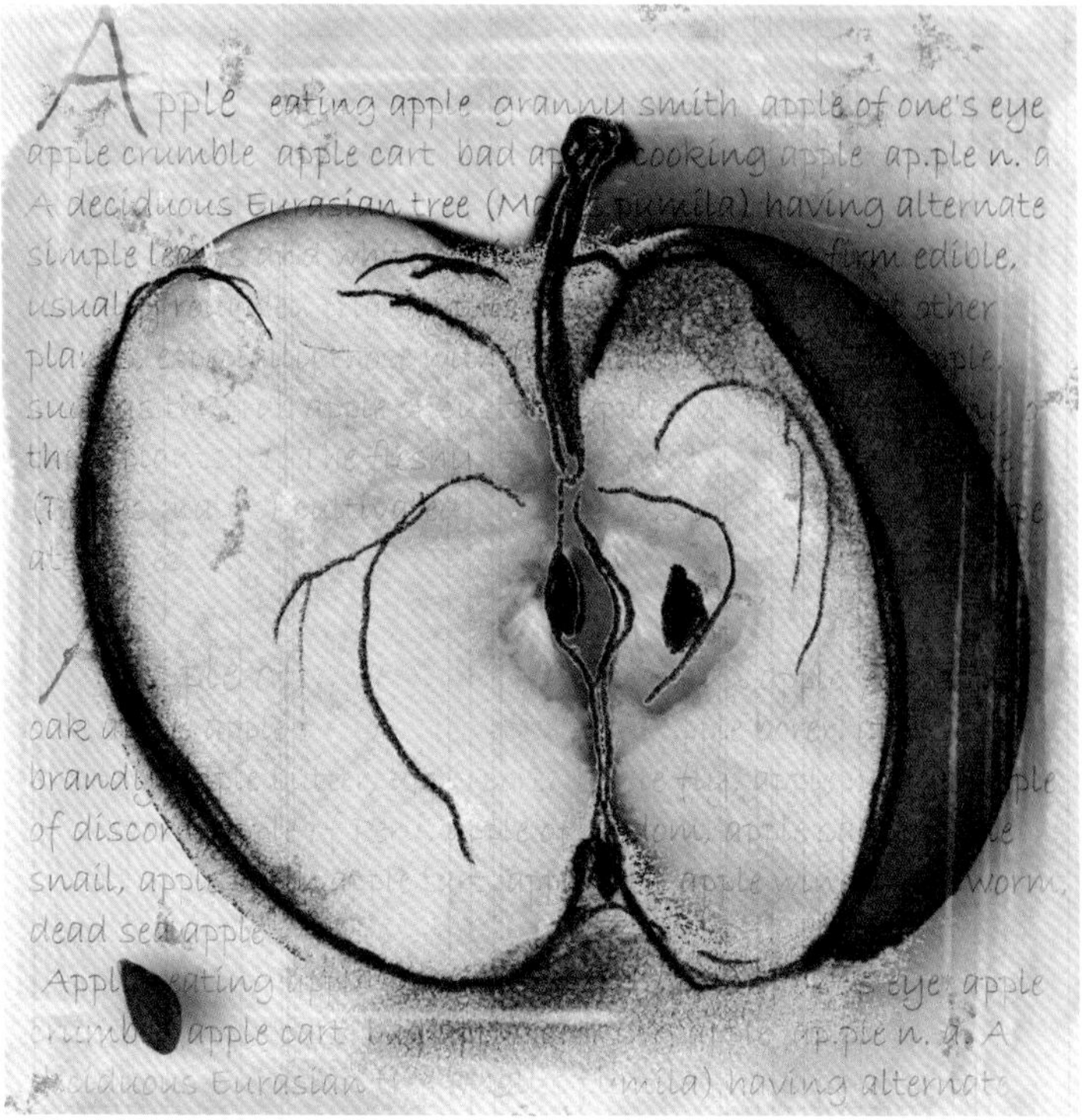

アンソニー・ハモンド作。スライスしたリンゴ。素描画。2001年。スライスしたリンゴが茶色く変色している。その対策として切り口を白いまま保てるGMリンゴが導入され論争を呼んだ。

るものだ。それでもリンゴ業界と反GM団体は公聴会で声高に抗議した。遺伝子組み換えに反対するリンゴ業界はGMリンゴが健康食品というリンゴの評判を汚すことを心配した。反GM団体の代表は、「見た目はきれいでも中身の腐ったリンゴ」と、『ヴェニスの商人』でシェイクスピアがアントーニオに言わせた古くから知られるリンゴの特徴を持ち出し、「腐ったリンゴが新鮮に見えるのですか？」と質問した。[20] アークティックの企業代表は「アークティックは腐れば茶色く変色し、それでおいしくなくなったことがわかります」と答えたが、公聴会に出席していた何百人もの反対派は納得しなかった。外見をよく見せるだけのアークティックのような遺伝子組み替えなら、切り口をレモン汁で拭うかラップで包めば変色を遅らせることができるのだから馬鹿馬鹿しい限りだが、遺伝子組み換えリンゴで農薬を使用しなくてもすむという本質的な遺伝子組み換えについては、依然として大きな論争になっている。

●栽培品種の支配

リンゴ育種家と生産者は、リンゴを切ると茶色くなることより、栽培品種の将来についてずっと大きな懸念をいだいている。ベストセラー品種になってしまうと、その人気のせいで品質が落ちるようになるのは、育種家の管理が行き届かなくなるからだ。生産者が適切でない気候や土壌条件のもとで苗木を植えたり、収穫が早すぎたりすれば、そのリンゴの最高の品質は得られない。かつてのレッドデリシャスは本当に「デリシャス」だったが、発見されてから100年以上たった今、レッドデリシャスはもう別のリンゴになってしまった。貯蔵や長距離出荷で傷むまでもなく、同じりんごの木から成長点の突然変異で生じる枝がわりを繁殖に利用し続けた結果だ。こうした繁殖法によって、味はともあれ、とにかく果実が一番赤くなる木が選抜されてきたのである。

現代のリンゴは、ブランド化され、特許化され、商標登録されている。「学校へ持っていく弁当箱に入っていたかつてのリンゴではなく、コンピューターについている『リンゴ』（アップルのロゴ）のようなものになった」と雑誌ニューヨーカーのライター、ジョン・シーブルックは述べている。[21]本物のリンゴとは違って、コンピューターの「リンゴ」は再繁殖も変化もしない。特許を取得して商標登録をすればライセンス料やロイヤルティが得られるため、育種家は自らのブランドに傷がつくことを心配する。そこで多くの育種家は、作物を育てるのではなく工業製品を製造する企業戦略をまねた管理手法を取り入れるようになった。ハニークリスプ（ハニークランチ）はリンゴのｉＰｏｄとして知られ、リンゴ業界全体を隆盛に導き、苗木の販売で数百万ドルを稼ぎ出し、その生みの親であるミネソタ大学に世界最速スーパーコンピューターを導入する財源の足しにもなった。[22]研究者は新たな発見と大学の歳入増を目指し、現在そのスーパーコンピューターを新たな最先端テクノロジーの開発に利用している。しかしハニークリスプはオープンリリースで販売されたため、誰もがどこでも好きな方法でこの品種を栽培できた。そのため品質に大きなばらつきが生じてしまった。そして２００８年にはハニークリスプの特許期間が終了し、このリンゴによる同大学の収入もなくなった。

ミネソタ大学は新たな栽培品種スウィータンゴについてはブランドの品質を管理し、長期的な収入源としたかった。そこで生産者と栽培方法、栽培可能期間の決定権を保持するためのコンソーシ

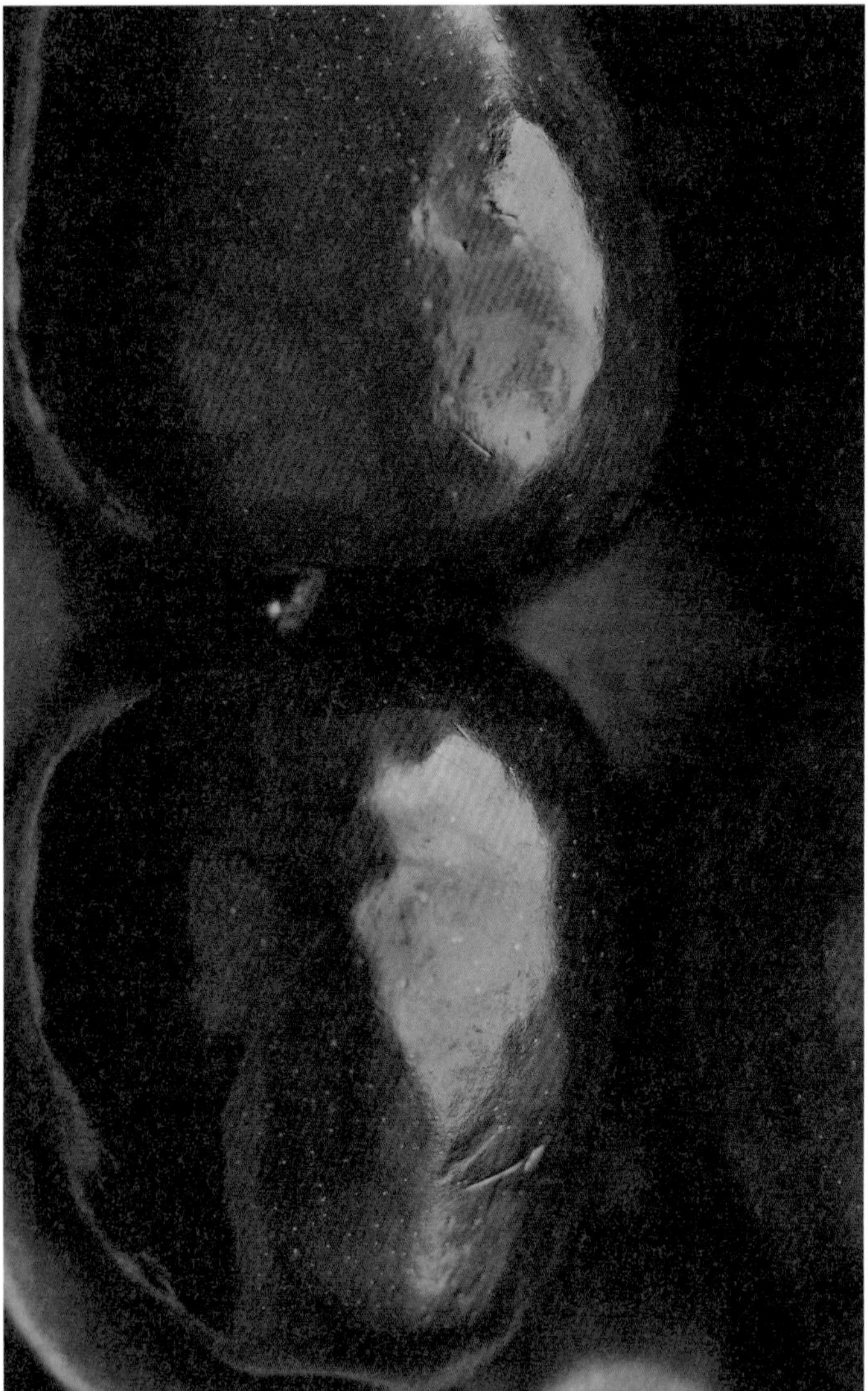

プラスティックで包装されたレッドデリシャス

アムを設立した。このリンゴの生産者は直接スーパーマーケットに販売することはできず、マーケティングを担当するこのコンソーシアムに買い取ってもらわなければならない。[23] スィータンゴの他にも市場向けの数十種のリンゴが同じような管理がされていて、そのほとんどはアメリカ国外で栽培されているが、会員制クラブで苗木などの生産、販売が行われ、クラブ会員以外は栽培できない。[24] しかしこうした方法では、会費を払うのが難しい小規模果樹園のような生産者は新品種の栽培から排除されてしまうことになる。[25]

◉リンゴの未来

マスマーケティングという画一的な生産・販売戦略と遺伝子工学によって、リンゴは新鮮なフルーツではなくなり、加工された工業製品になってしまうのではないかと懸念されている。スライスされたリンゴがプラスティック製のパッケージに詰めて売られるという未来予報は、すでに多くの製品が現実のものとなっている。いわゆる「すぐに食べられる」手間いらずのリンゴは、スライスされ可食フィルムでコーティングし、袋詰めされたものであり、すでに1980年代から学食や食料品店、ファストフード・レストランなどで利用されている。冷蔵庫に入れておけば茶色く変色せずに2〜3週間保存できる。この技術はリンゴ以外の果物や野菜でも採用されてきた。例外が、カットするとすぐに茶色く変色してしまうバナナとアヴォカドで、これまでのところこのふたつの果物の変色を防ぐ上手い方法は見つかっていない。

最近のリンゴ製品のなかにはヘルシーなスナックやデザートとして生まれ変わって市販されてい

有機栽培リンゴのスタンプ。無農薬リンゴの需要が伸びている。

るものもあるが、それらにはリンゴの風味はない。「グレイプル」(Grapple)は甘いブドウジュースに浸したリンゴで、プラスティックで密封包装され、アメリカでは「食感はリンゴで味はブドウ」というキャッチコピーで販売されている。その商品名Grappleの発音は「グレイプルと呼んでね」というわけで、リンゴの由来は感じられない。マクドナルドの「アップル・ディッパーズ」はリンゴの皮を剥いてスライスしたものと、甘いキャラメルソースが袋詰めになっている。要するにリンゴ飴を解体したようなもので、新鮮な果物としてのリンゴの未来にとって良い兆候とは言えない。いずれにせよマーク・トゥエインが自分の死亡記事を見たときに感じたように、リンゴの死亡記事は時期尚早だ。リンゴの競争相手としてよく知られているバナナとオレンジは、毒性の高い病気の脅威にさらされていて、収穫が全滅してしまうこともある。これらの果物が将来も生き残るには、特に食用バナナの場合三倍体で種子を作らないため、遺伝子工学が大きな希望の光となる。[26] しかしリンゴにはそうした弱点はなく、頑丈で逆境に強い果物であることははっきりしている。リンゴの場合は商業品種にも備わっている秘密兵器がある。それはリンゴの種子の計り知れない適応能力だ。そのおかげでリンゴは病気やアグリビジネスからの圧力を克服できる新たな世代を生み出せるのである。

これからもリンゴは生き残るはずだが、近い将来にはどんなリンゴがお目見えするのだろう。かつて一世を風靡したレッドデリシャスはリンゴ愛好家のあいだでは嫌われ者になっていて、もっと風味がよく食感もよい新しい品種にとって代わられるかもしれないが、世界市場の経済が好むのは常に安価に生産、貯蔵、出荷ができる品種だ。だがそんな味気ないリンゴのせいでリンゴの魔法の物語が失われてしまったら、リンゴの豊かな文化は生き残れるのだろうか。1998年、フランク・ブラウニングは、人間は常に本物に触り、食べたがるものだと楽天的に語った。幸いにして今のところブラウニング見方は正しいようだ。リンゴ狩り果樹園の人気が続いていること、ファーマーズマーケットが成長していること、地元産食品を求める声が大きくなり、農薬が環境へ及ぼす影響の認識と、農薬被害を食い止めたいという思いが高まっていること。これらはみな本物のリンゴへの賛歌だ。

小規模果樹園は間違いなく戦い続けるだろう。とはいえ多くの地場産市場はリンゴだけで顧客を引き寄せることは難しいと考えている。だから、サイダードーナッツやアップルパイ、ギフト類を提供し、干し草を積んだ馬車に乗って草原を走りまわるヘイライド、ハロウィンの行事やワッセイリング祭なども催している。もちろん市場の中心にあるのはリンゴだ。ある果樹園主は「お客さんは市場にリンゴ狩りに来るのではない。食べ物を求めてやってくるんだ」と指摘する。[27] 地場産市場にくる消費者は、スーパーマーケットでは見つからないリンゴを求めてやってくるのだ。裏庭のリンゴの木やファーマーズマーケットがわたしたちの文化意識と深く共鳴し、失われかけていた地元ならではの感覚や時間、弾けるような味覚の体験に、少しずつ関心が寄せられるようになってきている。

付　録　リンゴの品種

「リンゴの世界」には風味と食感の果てしない広がりがあり、味覚の領域に踏み入れた者にとって、リンゴをきわめる旅は希望に満ちた航海となる。

――エドワード・バニヤード『デザートの解剖学 *The Anatomy of Dessert*』より

バニヤードがうまく説明しているように、リンゴには料理や庭造り、そしてリンゴ酒造りに驚くほど多彩な用途がある。このリンゴ品種目録に掲載できたのは何千種もある伝統的品種と現代品種のうち、お気に入りのリンゴを探し出そうとする読者の熱意がかないそうなごく一部の品種だけだ。そしてここに示した風味とは、新鮮なリンゴをかじったときに味わえるものであることを承知しておいていただきたい。白状すれば著者もこれらのリンゴすべてを味わったわけではなく、経験豊かな元リンゴ栽培農家や愛好家のコンセンサスに拠るところが大きい。伝統的品種は特別な果樹園以外ではなかなか手に入らないが、庭造りが趣味ならウェブ上の苗木目録から探し出すのがよいだろう。特定品種の栽培可能性については、自分の地元の自然条件をチェックしておくことが大切だ。

アイダレッド

アンブロシア

［以下の品種一覧の並べ方は原書とは異なり五十音順にした］

アイダレッド（Idared）　ウディ・ガスリーはアイダ・レッドという女性をテーマにした古いアメリカン・フォークソングを歌ったが、リンゴ品種名に「アイダ」とあるのは、1942年にアイダホで生まれたことにちなんでいる。有名なジョナサン（紅玉）とあまり知られていないヴァゲナーの交配品種だった。加熱しても形が崩れにくいので焼きリンゴやパイに適している。

アシュミーズ・カーネル（Ashmead's Kernel）　1700年代初めに登場した有名な伝統品種で、数少ないイギリス産の品種のひとつだが、北アメリカでも栽培されている。緑がかった黄色い表面にはくすんだ斑点があり、風味は甘く切れ味がありデザートやリンゴ酒、ジュースに適している。「カーネル」（Kernel）とは実生から育てられたことを意味し、最初に栽培したのがグロスターのアシュメド博士。

アナナス・レネット（Ananas Reinette）　この伝統品種が最初に記載されたのは1821年のオランダだったが、フランス語で「パイナップル女王」という意味があり、レネットは1500年代にフランスで生まれた品種だ。黄色または緑色でデザートに用いられ、「プリンセス級の高級品」とされた。明るい黄色の表面には赤茶色の「斑点」があり、シーズン後半になるとパイナップルに似た芳香が強くなる。

アンブロシア（Ambrosia）　ブリティッシュコロンビア州（カナダ）のジョナゴールドを栽培するリンゴ園で、1990年代の初めに偶発実生として発見された品種。市場に出まわるのは近年では非常にめずらしい。赤黄色のリンゴで酸度が低く、スライスしても茶色く変色しにくい。

インディアン・マジック（Indian Magic）　野生リンゴを使った料理はいわば失われた芸術だが、ファーマーズ・マーケットではその復活の気配が感じられる。今日の大部分の野生リンゴの木と同じように、インディアン・マジックも主に鑑賞的な価値で知られる。赤いつぼみは春に開花しローズピンク色の花を咲かせ、橙赤色で面長のリンゴがなる。

ウィンター・バナナ（Winter Banana）「バナナ」というリンゴの名は不思議な感じがするが、この品種にこだわりのある信奉者はバナナの芳香があることを明言する。オランダの入植者がアメリカに導入したとされるが、アメリカでこの品種が最初に記録されたのは１８７６年、インディアナ州の農園でのことだ。艶のある黄色地に赤みがかった魅惑的な色が高級感を醸し、イングランドの裕福な顧客向けに輸出された。ウィンター・バナナは、花をたくさん咲かせるため、主に果樹園の受粉樹として利用されている。

ウースター・ペアメイン（Worcester Pearmain）　この洋ナシ型をしたデザート用リンゴはウェスト・ミッドランズで育成され、１８７４年に売り出され、翌年王立園芸協会から最高ランクのリンゴ（FCC: First Class Cartificate）に認定されている。皮は農赤色で黄色を背景にした白い斑点が散在し、完熟するとはっきりとしたイチゴの香りがする。

エヴァークリスプ（EverCrisp）　２０１２年に発売されたこの品種は、ＭＡＩＡ（Midwest Apple Improvement Association）がリンゴ市場のスーパースターであるふじとハニークリスプ（ハニークランチ）を交配させて開発した。エヴァークリスプという品種名はそのリンゴらしい食感と長期保存できる特徴を表している。

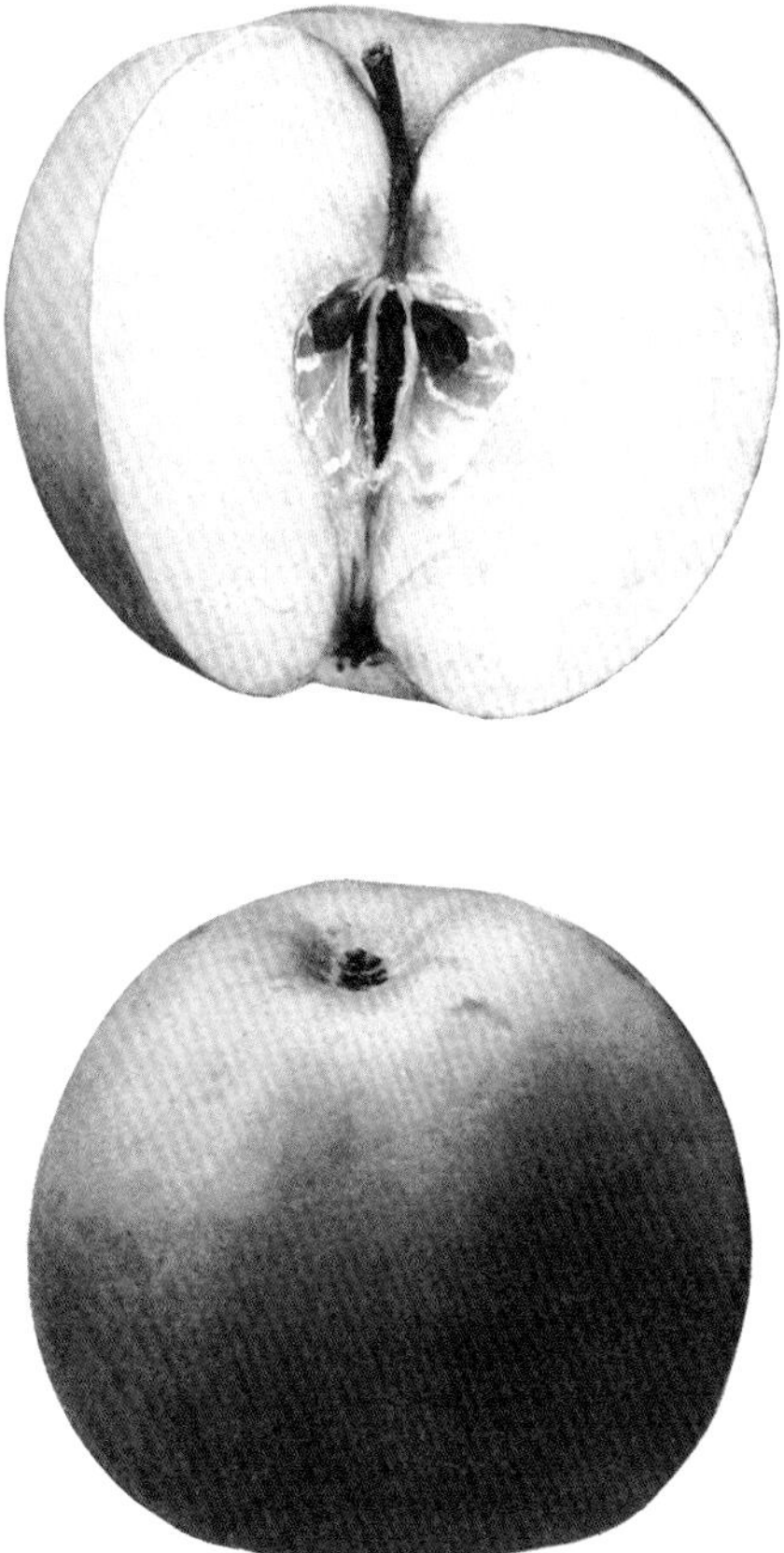

ウィンター・バナナ

ウースター・ペアメイン

エソパス・スピッツェンバーグ

エソパス・スピッツェンバーグ（Esopus Spitzenburg）　トーマス・ジェファーソンはこのスパイシーなリンゴが大好きだったが、ヴァージニア州にある自身のモンティチェッロ果樹園では気候が暑く、栽培には苦労した。このリンゴはニューヨークのハドソン渓谷に位置する冷涼な丘陵地帯エソパスが原産で、スピッツェンバーグというオランダの入植者が18世紀初めに植えたものらしい。

エンパイア（Empire）　この光り輝く赤いリンゴは、最も人気のあるリンゴレッドデリシャスとマッキントッシュを両親にもつ。その名はニューヨーク州の異名である「エンパイア・ステート」にちなんだもので、ニューヨーク州ジェニーヴァにある農業試験場でコーネル大学との共同研究のなかで誕生し、1966年に市販された。

カメオ（Cameo）　1987年にワシントン州で発見された偶発実生で、近くで栽培されていた有名な品種レッドデリシャスとゴールデンデリシャスが親である可能性がある。形状はレッドデリシャスに似ているが、黄色を地色にした縞のあるあざやかな赤い肌はレッドデリシャス、ゴールデンデリシャスの双方の色を反映している。

ガラ（Gala）　1930年代にニュージーランドで開発され、現在アメリカとイギリスで最も人気のあるリンゴのひとつ。ガラはデリシャスの二世代後の子孫。両親はゴールデンデリシャスとキッズオレンジレッドで、後者はレッドデリシャスとコックスズ・オレンジ・ピピンの交配種だ。デリシャスの特徴がコックスの際立つ風味を和らげている。

カルヴィル・ブラン・ディヴェル（Calville Blanc d'Hiver）　形状は凸凹でシャンパンの香りがする17世紀フランス産のこの伝統品種は（「カルヴィルの白い冬リンゴ」という意味）食通の間で

エンパイア

カメオ

評判が高い。キャラメリゼしたリンゴをタルトに載せたクラシックデザート「タルト・タタン」に用いられる。

カンジ（Kanzi）　ヨーロッパで開発された新品種カンジはガラとブレイバーンの交配品種としてベルギーで生まれた。明るい赤色のリンゴでヨーロッパで最も多く栽培される品種のひとつとなり、アメリカ市場にも参入し特に果物専門店で取り扱われている。

キク（Kiku）　1990年にイタリアのリンゴ栽培農家が日本の果樹園を巡回しているときにあざやかな赤色で強い甘味があり、ふじの枝がわりとして栽培されているリンゴに目が留まった。彼はそのリンゴの権利を買い取り、イタリアで栽培を始めた。主要生産地はイタリアだが、2010年には選りすぐられたアメリカの生産者に「スーパースイート」なリンゴとして紹介された。酸味から甘味までのスケールで評価すると、キクは最も甘いリンゴとされる。

キング・ラシャス（King Luscious）　名前に違わず大きなリンゴで、しかもジューシーだ。「ハルキング」（ばかでかい）と呼ばれることもある。リンゴの木としては小ぶりで、1930年代にノースカロライナ州で実生苗として発見された。果実がやたらに大きいと風味が劣ることが多いが、キング・ラシャスは例外で、食感も風味も上質だ。1、2個あれば最高のアップルパイができる。

キングストン・ブラック（Kingston Black）　サマセットにあるキングストンという村は、優良なリンゴを生産することで知られ、評判の高いこの19世紀のリンゴの故郷でもあった。果汁は酸味が強く、最高級リンゴ酒用のリンゴだった。現在イギリスとアメリカの伝統品種を用いたリンゴ酒市場ではふたたびこの品種が利用されていて、ブレンドをしないシングルヴィンテージのリン

カルヴィル・ブラン・ディヴェル

グラヴェンスタイン

ゴ酒でその独特の風味が味わえる。

グラヴェンスタイン（Gravenstein）　グラヴェンスタインは17世紀のデンマークあるいはドイツが起源とされ、いまだに北ヨーロッパでは人気の品種だが、多くの評論家はカリフォルニア北部で完成の域に達したと考えている。19世紀にロシアの入植者がこのリンゴを植えたのがカリフォルニア州ソノマ郡で、土壌と気候が高品質のワインとリンゴを育むのに適した土地だった。グラヴェンスタイン好きは、果肉が柔らかくしかもシャキッとしたリンゴらしい食感と甘酸っぱい果汁そして強い芳香を絶賛する。大量生産される品種に押されてはいるが、伝統品種を栽培する果樹園ではこの品種の復興がめざましい。

グラニー・スミス（Granny Smith）　19世紀のオーストラリア南東部にこのリンゴを広めたのは、あるお婆ちゃん（granny）だった。そのお婆ちゃん、マリア・アン・スミスは、老後は「グラニー」（Granny）と呼ばれた。のちの生産者によってこのリンゴは有名になったが、「グラニー」の名前は残った。赤くないリンゴとしてスーパーマーケットで初めて人気が出たリンゴだった。酸味はあっても酸っぱすぎることはなく長期保存もきくため、商業市場で最もよく売れるリンゴのひとつとなっている。最近の研究で、赤リンゴより栄養素が豊富なことが明らかにされている。

クリスピン（Crispin）　以前は「陸奥」という名で知られた緑色のリンゴ。１９３０年代に日本でゴールデンデリシャスと印度を掛け合わせて開発された。他のリンゴより大きく、さわやかな風味があり、焼いても生で食べてもいい。

クレイゲイト・ペアメイン（Claygate Pearmain）　イギリスのサリー州クレイゲイトのジョン・ブ

コートランド

ゴールデンデリシャス

コックス

ラディックが、１８２１年頃ヘッジ（生垣）の中にこのナシの形をしたリンゴが育っているのを発見、その村にちなんだ名をつけた。１９２１年には王立園芸協会から最高ランクのリンゴ（FCC: First Class Certificate）に認定されている。

コートランド（Cortland）　この大きなリンゴはニューヨーク州ジェニーバの農業試験場で１９１５年に開発されて以来アメリカのキッチンの定番リンゴとなった。マッキントッシュとベンデイヴィスを掛け合わせたもので、かつては高級な焼きリンゴに用いられたが、リンゴを熟知したシェフは焼いた後に形を保てるもっと硬いリンゴを好む。今ではスライスして生のままサラダに加えられている。

ゴールデンデリシャス（Golden Delicious）　クラレンス・スタークが、ウェストヴァージニア州の農民が発見したリンゴの木を１９１４年に買い取ると、非常に価値が高いリンゴと直感し、背の高い檻で囲い、盗難警報機まで設置して守った。スタークが品評会で見出した最も有名なリンゴのレッドデリシャスと近縁のように思われがちだが、実はゴールデンデリシャスはレッドデリシャスとはまったく異なる品種だ。口当たりがよく甘い風味に加え感じの良い丸みから、世界市場で最も人気のあるリンゴのひとつとなっている。

コスタード（Costard apples）　シェイクスピアの時代にはリンゴを「コスタード」とも言い、男性の頭部を意味するスラングでもあった。シェイクスピアの喜劇『恋の骨折り損』に出てくるコスタードは宮廷道化師で、コスターモンジャー（costermonger）といえばリンゴの行商人のことだ。コスタードという語はフランス語に由来し、ノルマン征服の時代にまでさかのぼる。この頃フランス人によって多くのリンゴの木がグレートブリテン島へ導入されていた。グロスターシャー州ウォットン近郊にある17世紀の広大な屋敷（ウォットン・エステート）の果樹園に由来するウォットン・コスタードなど伝統品種のコスタードは、今も入手可能で料理用リンゴとして最適。

コックスズ・オレンジ・ピピン（Cox's Orange Pippin）　バッキンガムシャー出身のリチャード・コックスがビール醸造家を引退してから1825年頃に育成した。この品種は今でもイングランドでは食用リンゴとして人気がある。独特の赤橙色で複雑な風味があるが、北アメリカで栽培すると真菌病にやられやすい。コックスの名がつくいくつかの系統と交配種は、病気への耐性があることが示されている。

シープス・ノーズ（ブラック・ジリフラワー）（Sheep's Nose/BlackGilliflower）　ジリフラワーという名はこのリンゴにクローブのようなスッパイシーな香りがあるからだが、この香りは人によっ

ジョナサン（紅玉）

て好き嫌いが分かれる。シープス・ノーズ（ヒツジの鼻）という名はこのリンゴが下に向かって細くなる形状がヒツジの鼻に似ていることに由来する。この１８００年代初めから知られるニューイングランドの品種は風味が豊かで調理に最適。

シェナンゴ・ストロベリー（Chenango Strawberry）　赤ら顔で形は円錐状をしたこのリンゴは大きなイチゴのようにも見え、確かにおいしいイチゴのアロマとほのかにイチゴの味も感じられる。ニューヨーク州中央部に位置するシェナンゴ郡で１８５４年頃に最初に記録されているが、極端な低温は嫌う。自家不稔性のため近くに受粉樹が必要。

ジャズ（Jazz）　21世紀初めにお目見えしたこのリンゴはニュージーランドが開発した最新品種で、ニュージーランド産リンゴのなかでも特に有名な栽培品種ロイヤル・ガラとブレイバーンの交配種。現在では世界各地で栽培され、果肉が緻密で甘酸っぱくシャキシャキした食感の人気品種となっている。

ジョナサン／紅玉（Jonathan）　ジョナサンは19世紀初めに開発された品種で、アメリカ産リンゴとして最もよく知られ、世界中で栽培されている。日本では紅玉として知られる。ジョナサンの子に当たるのがジョナゴールドとジョナマックで、やはり人気がある品種だ。どちらもニューヨーク州ジェニーヴァで開発され、どちらもジョナサンと古いアメリカ品種との交配品種だ。1968年に発売されたジョナゴールドはジョナサンとゴールデンデリシャスを掛け合わせたもの。1972年頃に登場したジョナマックはジョナサンとマッキントッシュの掛け合わせだ。

スナップドラゴン（Snapdragon）　ハニークリスプの最新の子で、ニューヨーク州ジェニーヴァのコーネル大学が2013年に発表し、今日の市場で最も人気のあるリンゴを用いて育種された。大学ではこの最新作のリンゴはハニークリスプのジューシーなシャキシャキ感を残しつつ、長期保存が可能になったことに太鼓判を押している。もうひとつのコーネル大学の新しい栽培品種ルビーフロストもそうだが、スナップドラゴンは限られたリンゴ生産者団体との間で独占的ライセンス契約を結び（クラブ制度）、品質と最大の利益を上げるため、マーケティング戦略については育成者が握る。

ゼスター（Zestar）　このリンゴの育成者はその熱心さが高じて商標名にエクスクラメーションマークをつけ**Zestar!**とした。この早生リンゴは8月か9月には出荷可能で、ミネソタ大学で一帯の厳しい秋の気候を凌ぐために育成された。1991年に同大学で発売したハニークリスプに続き、1998年に発売された。ゼスターとハニークリスプは超シャキシャキ食感のスウィータンゴ（2010年）の両親。

ダッチェス・オブ・オルデンバーグ（Duchess of Oldenburg）　ロシア産の品種で1830年代にアメリカに導入され、寒冷気候に耐えリンゴ黒星病への耐性もあるとされる。淡黄色で斑点があり、ピンクがかった赤色の縞模様が入る見栄えのするリンゴで、風味が豊かで調理に向く。

ドルゴ（Dolgo）　ロシア北部が原産の実がしっかりした野生品種で1897年にアメリカに導入された、サウスダコタという厳しい環境のもとでも根付いた。縦に長い形状で、ドルゴという名もロシア語で「長い」という意味になる。一般的な野生リンゴより甘く、クランベリーに似た強く芳醇な風味があり、ゼリーやリンゴ酒に利用される。丈夫で花数も非常に多く、樹高は12メートルに達する。

ニュータウン・ピピン（Newtown Pippin）　植民時代のアメリカのリンゴの大部分は、ヨーロッパから移植した苗木の種子が元になっていたが、それはアメリカを旅立ったリンゴの祖先の故郷への帰還であって、ニュータウン・ピピンは帰還したリンゴとして大きな人気を得た最初の品種となった。1730年にまでさかのぼるが、現在のニューヨーク市の一角にあったアメリカ初の商業用育苗園の実生《みしょう》（ピピン）から生まれた。かつてリンゴは見た目よりその風味が重視された。そして緑色のニュータウン・ピピンはパインのような芳香によってトーマス・ジェファーソンやベンジャミン・フランクリン、ヴィクトリア女王といった18世紀および19世紀の多くの有名人から絶賛された。20世紀にはほとんど無視されていた品種だが、ニューヨークの公園や伝統品種の育苗園で復活の兆しが見られる。

ノーザン・スパイ（Northern Spy）　「アップルパイのようにアメリカ的」といったときに想像されているのは、おそらくこのリンゴだ。元々の名はまさに「ノーザン・パイ」（Northern Pie）だったのかもしれない。明るい黄色の肌にほのかな赤みがさす。1800年頃ニューヨークの果樹園で発見され、それ以来長期保存のきく品種として高い評価を得ている。

ノーフォーク・ビーフィング（Norfolk Beefing）「ビーフィング」（beefing）には「巨大な」という意味があるので、相当に大きなリンゴと思われるが、実際には「ビフィン」（biffin）が訛ったものらしく、古い英語で、「乾燥してペシャンコになったリンゴ」という意味がある（実際ノーフォーク・ビフィンともいう）。このリンゴが最初に記載されたのは1807年のノーフォークだった。濃い紫色に赤みがさす中型から大型のリンゴで、今でも主に調理や乾燥リンゴに用いられている。果実は保存性がよく、樹齢を重ねるにつれ甘みが増す。

ハニークリスプ／ハニークランチ（Honeycrisp/ Honeycrunch）ジューシーで傑出した風味とシャキシャキ感の現代のスーパースターで、ミネソタ大学で育種されたが見過ごされかけていた。両親の一方はキープセイクという品種（ミネソタ州以外ではほとんど知られていない）の可能性が高く、もう一方は今のところまだ謎で、苗木に振られた数字だけが知られているが、育種試験中に廃棄されたのだろう。ハニークリスプは、ヨーロッパではハニークランチとして知られ、発売当初は芳しくなかったが、その後商業市場で他に並ぶもののない大成功を収めた。2006年には非常に有名になったことから、グーグルも名を連ねた「世界を変えたイノベーション・トップ25」に選ばれている。

ハバードストン・ナンサッチ（Hubbardston Nonesuch）名前からわかるように、マサチューセッツ州ハバードストンが誇りとするリンゴで、1700年代末にはとびきりのリンゴだった。今日栽培しているのは伝統品種果樹園だけだが、こうした果樹園のおかげでその魅力的特徴が保たれている。大きなリンゴだが芯は非常に小さい。シャキシャキとした食感の甘い果肉で、食用にもリンゴ酒用にも適した風味がある。

ハリソン・サイダー・アップル（Harrison Cider Apple）19世紀のアメリカで絶賛された品種で、深みのある芳醇なリンゴ酒が生産された。ニュージャージーが原産で一時期絶滅したかと思われたが、1976年にニュージャージーで再発見された。リンゴ酒鑑定家は、はっきりした風味と黒星病と腐敗への耐性を絶賛する。

ヒューズ・ヴァージニア・クラブ（Hewe's Virginia Crab）トーマス・ジェファーソンはリンゴ通としても知られるが、ヴァージニア州の邸宅モンティチェッロでは少数の品種だけを念入りに栽培した。そのひとつがこのヒューズ・ヴァージニア・クラブで、リンゴ酒用としてジェファーソンお気に入りの品種だった。実は小さく色は暗赤色で、酸味が強いしっかりした果肉がリンゴ酒に深みのある風味を加える。

ピンク・レイディ（Pink Lady）艶やかな赤にピンク色の混ざった品種で1970年代にオーストラリアで育種され、オーストラリアでは1996年までに100万本以上が植えられた。主に海外向けに繁殖され、今では世界各国で栽培され世界中で販売されている。ゴールデン・デリシャスとレディ・ウィリアムズの交配種で、糖分が多く含まれるためスーパーマーケット向けの品種として人気がある。市場での成功から「オーストラリアリンゴの女王」と言われるようになった。

ふじ（Fuji）甘くて歯ごたえがよく果肉が緻密なリンゴで、1930年代終わりに日本人の育種家によって開発されたが、ふじは多くの文化が関わる品種でもあった。レッドデリシャスとルー

ふじ

ブラムリー

ルズジェネットというアメリカ産栽培品種を掛け合わせたもので、後者は18世紀末にあるフランス人がトーマス・ジェファーソンに紹介したものだ。ふじは驚異的な人気だが、生産者によってはレッドデリシャスと同じ過ちを犯し、市場向けの過剰生産によって極端に甘く赤くなってしまうのではないかと危惧する評論家もいる。

ブラムリーズ・シードリング（Bramley's Seedling）イギリスのシェフたちに高く評価され、イギリスで最も人気のある調理用リンゴのひとつで、今日の商業的市場でも主要品種として生き残っている数少ない伝統品種のひとつ。1809年から1813年にかけてノッティンガムシャーのコテージ・ガーデンで種から実生を作り育てられ、1865年に商業品種として導入されると、1893年には王立園芸協会により傑出したリンゴと認められた。

フラワー・オブ・ケント（Flower of Kent）アイザック・ニュートンのリンゴの木に由来する伝説的品種。本当にニュートンの頭に落ちて、ニュートンが重力理論を思いついたかどうかはともかく、調理用に向くリンゴであることから、ニュートン家の食卓に刺激を与えたに違いない。

ブルー・ペアメイン（Blue Pearmain）ペアメインにはナシのような形と風味がある。このニューイングランドの伝統品種は熟すとほのかに青みがかる。風味と食感から加熱調理がお勧めだが、ヘンリー・ソローは木からもいでそのまま食べるのが好きで1862年のエッセー「野生りんご」でも「ブルー・ペアメイン種でも喜んで食べる」と書いている。「両側のポケット一杯に詰めこむ。そして冷えびえとした夕方、家まで、4、5マイルの道を戻るとき、平衡を保つために左右のポケットから交互に取り出して食べるのだ」

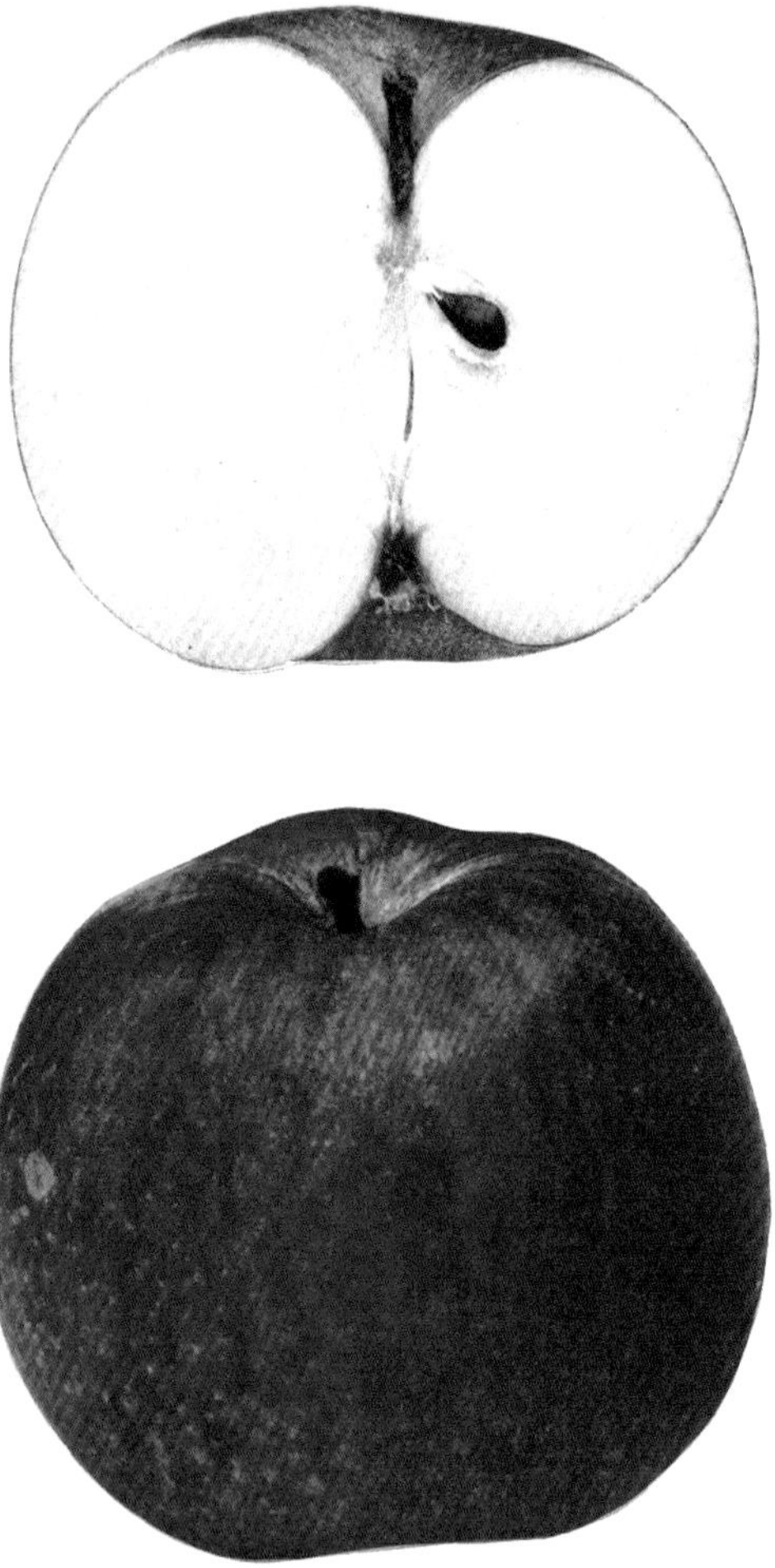

ブルー・ペアメイン

ブレイバーン

ブレイバーン（Braeburn）　縞のある赤橙色のリンゴで、スーパーマーケットの冴えないリンゴの棚に潤いをもたらしたニューウェーブのひとつ。1952年にニュージーランドで偶発実生として発見された。種子親や花粉親は不明だが、果樹園で栽培されていたグラニー・スミスとレディ・ハミルトンが交配したものだろうと考えられている。その後ニュージーランドのブレイバーン果樹園で商業的に栽培されるようになり、この果樹園名にちなんだ品種名となった。

ベルドボスコープ（Belle de Boskoop）　19世紀中頃オランダのボスコープで生まれ、伝統的な菓子シュトルーデルに最適のリンゴとされる。大型で黄味がかった緑色でオレンジ色と小豆色の斑点があり、果肉はしっかりしていてパリパリとした食感で、

ベルドボスクープ

焼いても形が崩れず深みのある風味のアップルソースができる。収穫後には最初は甘く漂っていた香りがまろやかになり、その芳香は12月になっても続く。

ポーラ・レッド（Paula Red）　1960年にミシガン州でマッキントッシュを栽培する果樹園で発見された。品種名は生産者の妻ポーリンにちなんだもの。おそらくマッキントッシュの枝がわりだが、その独特の魅力的な風味はイチゴにもたとえられてきた。マッキントッシュと同じように、保存や調理ですぐにやわらかくなってしまうが、おいしいアップルソースになる。

ボールドウィン（Baldwin）　かつてはアメリカで一番人気だったが、自然の大きな力と全国市場の圧力にさらされた。マサチューセッツ州で1740年頃に実生として発見され、超絶的に硬く病気に強いリンゴで、パイとリンゴ酒に適した品種として評価が高かった。1934年の深刻な遅霜でニューイングランドの多くのリンゴ園が潰れ、ボールドウィンはふたたび植えられることなく、代わって市場競争力が期待できる新品種のリンゴが栽培された。

ホルスタイン（Holstein）　第一次世界大戦のドイツに由来する数少ない良質な品種のひとつがこのリンゴで、1918年にドイツのホルスタイン地域で発見された。コックスズ・オレンジ・ピピンの偶発実生（イギリス兵が落としたリンゴの芯が起源なのかもしれない）を栽培したものらしい。ほのかにパイナップルの香りがする橙黄色のおいしい果汁が取れる。

マカウン（Macoun）　マッキントッシュとジャージー・ブラックの交配品種で、マカウンが開発されたのはニューヨークだったが、カナダの育種家W・T・マカウンを称えて命名された。100年近く栽培されていたが、その親であるマッキントッシュほど有名にはならなかった。マカウンは栽培と保存が若干難しいため、どこでも手に入るわけではないが、その甘く刺激のある風味を探し求める熱心なファンもいる。

マッキントッシュ（McIntosh）　アメリカ独立戦争の間イギリス政府支持者だったジョン・マッキントッシュは、アメリカの植民地からカナダのオタワに移住した。その移住先でのちに自分の名前がつき、クラシックアメリカン種（正確には北アメリカ種）として知られることになるリンゴの木を発見する。秋の早い時期に最初に市場に出せるリンゴのひとつだが、その旬の味覚は長続きしない。シャキシャキしたリンゴ独特の食感がすぐにやわらかくなってしまうので、賞味期間は数週間以内だ。

マカウン

ラム・アビー・ペアメイン（Lamb Abbey Pearmain）
ブラムリーズ・シードリングと同じように、この品種は200年前にイングランドの庭園にまかれた種子が育ったもの。この庭園はかつてケント州ラム・アビーという村にあり、種子はアメリカのニュータウン・ピピンから採取したものとされる。ラム・アビー・ペアメインは、小さくて甘みが強く、酸味もあるパイナップルの風味で、デザート用のリンゴとして無くてはならなかった。現在、伝統品種の果樹園では楽しみのひとつとして、栽培が続けられている。

リバティ（Liberty）　耐病性のあるリンゴのパイオニア的存在で、壊滅的被害を及ぼすリンゴ黒星病に耐性のある品種にマカウンというリンゴの芽を「芽接ぎ」して作られた。この作業は1955年にニューヨークで始まったが、市場に出まわったのは1978年になってからだった。品種の名称は、農薬噴霧に縛られている生産者を自由にする試みという意味が込められている。

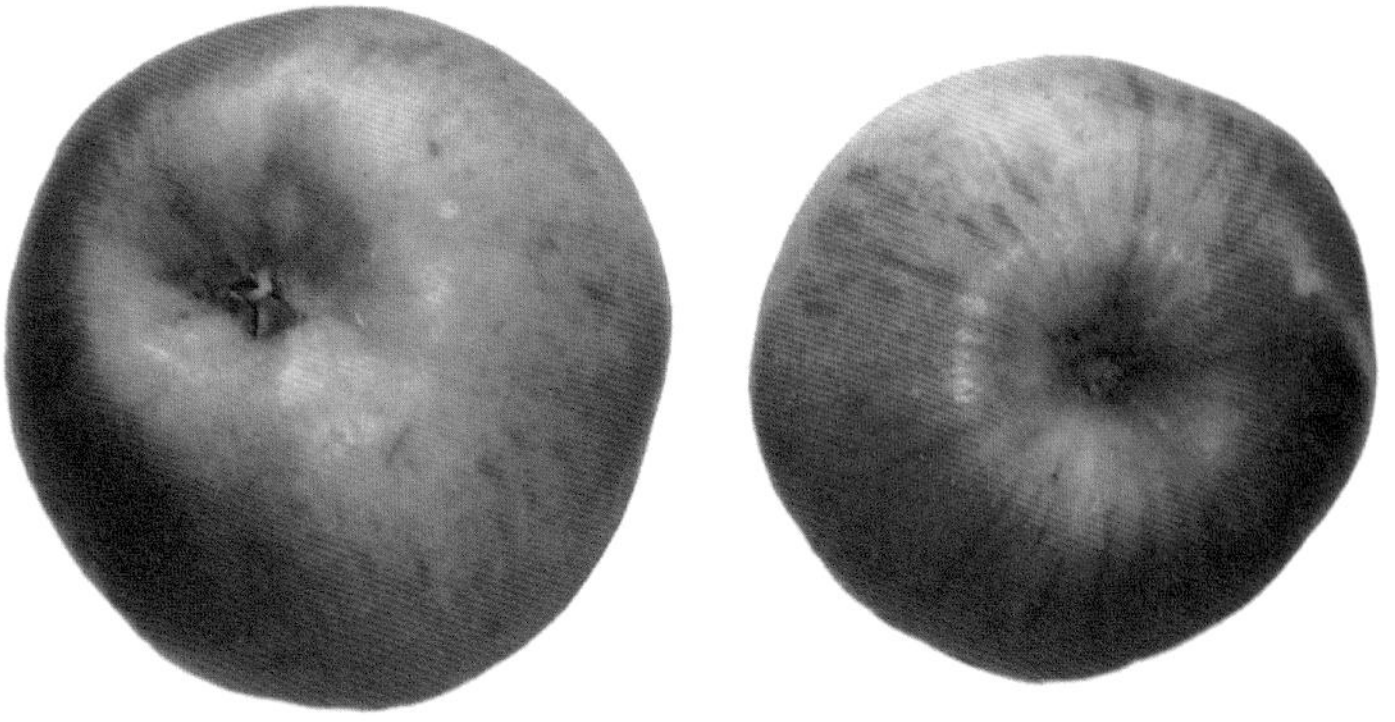

リブストン・ピピン

リブストン・ピピン（Ribston Pippin）　この品種は１７０８年にヨークシャー州リブストンホールで初めて栽培され、ヴィクトリア朝時代には最も人気の高いデザート用リンゴのひとつだった。表面は黄色から緑色で赤い筋が入り、果肉はクリーム色がかった黄色で、ナシの味がするという人もいる。最初のピップ（種子）はノルマンディから導入されたが、リブストン・ピピンは押しも押されもせぬイングランド産リンゴとなり、有名なイングランド品種コックスズ・オレンジ・ピピンの親であった可能性もある。

レッド・アストラチャン（Red Astrachan）　ダッチェス・オブ・オルデンバーグのような王室称号はないものの、やはりロシア産リンゴの系統と考えられている。19世紀の中頃にスウェーデン人の移民がイングランドとアメリカへ導入した。早く熟し輸送に向いていなかったため大きな市場からは弾き出されてきたが、酸味のある果汁が豊富で、伝統品種の果樹園で一度味をしめるとこの品種に病みつきになる。

レッドデリシャス（Red Delicious）　ミズーリ州のスターク・ブラザーズ種苗園が19世紀末に命名したときは本当においし

いリンゴだったのだろう。ところがスーパーマーケットで売られる典型的なリンゴとなって、長年風味よりも見た目を重んじて選抜育種されたため、リンゴとしての魅力を失った。全体が一様に赤くて皮が厚く、シャキシャキとしたリンゴらしい食感がなく酸味と甘さの適度なバランスにも欠ける。イギリスの果樹園芸学者エドワード・バニヤードは『デザートの解剖学 *The Anatomy of Dessert*』（1929年）で「ただ甘いだけ」のリンゴとし「人間もそうだが甘いだけでは吐き気を催す」と皮肉混じりに述べている。

レディ・アップル（Lady Apple）　最も古い品種とされる小ぶりなリンゴで、古代ローマ人が栽培していた。「レディ」と名がつくリンゴは小さいものが多く、このリンゴもふた口で食べ切ってしまう。昔ながらの特別なご馳走で、クリスマスの靴下に入れたり、肉と合わせてローストしたり、付け合わせとして用いられた。ヴィクトリア朝時代にはこのとても香りの良いリンゴをボウルに入れ、嫌な匂いを隠す芳香剤としても用いられた。

レディ・アリス（Lady Alice）　ワシントン州は市場向けリンゴでアメリカ最大の生産地だが、偶発実生を育てていることはあまり知られていない。ただしこの品種は偶発実生の中でも例外的存在だ。1978年にある果樹園で本当に偶然発見された。あるリンゴの木を伐採してから25年以上経って、元の切り株から新しい芽が出て成長しているのがたまたま目に留まった。この品種を広めたワシントンのこの果樹園の創立者を記念して名付けられ、2013年にデビューした。

レンヌ・ド・レネット（Reine de Reinette）　レンヌ・ド・レネット（レネットの女王）は、その複雑な風味からフランス王室から絶賛された。ヴィクトリア朝時代以降イングランドでも幅広く栽培されているが、品種名は性が変わり「キング・オブ・ピピンズ」（King of the Pippins）となった。上品なシャキシャキ感と柑橘系の後味で、生食でも調理してもおいしい。

ロード・アイランド・グリーニング（Rhode Island Greening）　アメリカで栽培されている最も古く最も人気のある市場向けリンゴのひとつで、この品種は１６５０年にロード・アイランドのグリーンズエンドにあった居酒屋の脇に生えていたとされ、発見されて２００年以上たってもその名はよく知られていた。品種名は皮が緑色で果肉も緑色がかった白であることに由来するのかもしれない。パイや料理全般に最適で、やはり緑色のグラニー・スミスの代用になる伝統品種だ。

ローマ（Rome）　この品種の起源は１８２０年代のオハイオ州ローム・タウンシップにあり、焼きリンゴの女王として長く知られていた。真っ赤な実でシャキシャキした食感とやさしい酸味があり、焼いてもパサパサになることはほとんどなく、形も崩れない。ローマ・ビューティとしても知られ、外見が完璧でしかもおいしいというふたつの特徴をあわせ持つ、現在では非常に類まれな品種だ。

ワインクリスプ（Winecrisp）　この品種名は、育成者がこの品種に託したふたつの特徴である濃赤色の外観と卓越した食感を表現している。しかしワインクリスプには第3の特徴がある。リンゴ最大の脅威で、防除のためシーズン中15回から20回農薬を噴霧しなければならない黒星病に耐性を持つ遺伝子だ。アメリカ中西部の大学の育種家が20年をかけて共同で開発したワインクリスプは、ようやく２００９年に発表された。その名からは系統的には無関係だが、かつてのワインサップ（Winesap）が思い出される。ワインサップは19世紀には評判が高かった伝統的品種だが、20

ローマ

世紀のテクノロジーのなかでその人気は衰えた。

謝辞

わたしがリンゴの本を執筆していることを知ると、友人や仲間たちはみなリンゴの普遍的な魅力を理解し、力を貸してくれました。書籍や記事、写真を貸してくれた人たちや、他の資料について教えてくれたすべてのみなさんに感謝します。提供していただいたどの資料も本書に何らかの形で反映されています。スー・バスティアン、ゲイル・フィアトとミック・フィアト、アル・クラインとデブラ・クライン、デブラ・マンコフ、リンカーン・ミラーとマーガレット・ミラー、そしてナンシー・クラーク・スラウスには熱心に協力していただきたいへん助かりました。ありがとうございました。またバーバラ・ヴィレットには彼女の受賞作で2分冊の『ニューヨークのリンゴ *The Apples of New York*』を貸していただいただけでなく（知らぬ間に長い間お借りしてしまいました）、本書執筆に使えるよう同書から抜き刷りまで制作していただきました。本当に感謝しています。

ヴァーモント州ダマーストンにある歴史的なスコット・ファームのエゼキエル・グッドバンドには、秋の収穫時期というたいへん忙しいなかで時間を割いていただき、驚くほど多くの伝統品種のリンゴを接ぎ木して彼が築き上げてきた広大なリンゴ園でのテイスティング・ツアーに招いていただきました。またグッドバンドは彼の知識と経験を独特の皮肉っぽいユーモアを交えながら辛抱強く教えてくれ、それがリンゴ栽培に関する多くの謎を解く手がかりともなりました。ニューヨーク州ホワイトクリークのペリー・オーチャードのジム・ペリーからは小規模リンゴ生産者の思いを聞かせてもらいました。困難な状況にも関わらず、大規模市場の果実とはひと味もふた味も違う新鮮なリンゴとリンゴ酒を提供しようとしている無数の小規模果樹園の考えを知る貴重な機会となりました。

ロサンゼルスのフォールン・フルーツという才能あふれるアーティスト集団のデイヴィッド・バーンズ、マティアス・ヴィージェナー、オースティン・ヤングは、寛大にも彼らの衝撃的なポスター「アーバン・フルーツ・アクション」の複製を許可してくれました。独特な庭園を生み出し楽しいウェブサイト「庭園への道 A Way to Garden」を運営するマーガレット・ローチには、彼女が撮影した深みのある節榑立ったリンゴの老木の写真の使用を許可していただきました。このリンゴの木は、ニューヨーク州にあるタコニック山脈の急峻な山腹で芽を吹いてから1世紀以上を経た現在も、リンゴをならせています。

わたしが本書を執筆した年、ニューヨーク北部ではリンゴが近年にはない驚くほどの豊作だと、だれもが口にしていました。そんなリンゴに囲まれて、わたしはよくマージョリー・ルッツのことを思います。40年以上前、自分の家のまわりに数本の野生リンゴとセイヨウリンゴの木を植え、そこが現在わたしの自宅の裏庭になっているのです。このリンゴの木々からはおいしいリンゴが採れ、コマドリやレンジャク、そしてお腹をすかせたシカやリスの親子たちとともに、わたしと夫チャーリーに喜びを与えてくれるのです。またわが家の牧草地にある古いリンゴの木が美しく佇み、わたしたちを見守ってくれたことに対してもマージョリーに感謝しています。最後に、わたしといっしょにリンゴを摘んでくれ、アップルソースをこよなく愛し、わたしの執筆の冒険を支えてくれた夫チャーリーには心から感謝しています。

訳者あとがき

野生リンゴが大好きだったヘンリー・デイヴィッド・ソローをはじめフロストやミルトン、シェイクスピア、そしてスターリンやセザンヌも、みんなリンゴを愛した。なによりそのおいしさに、美しさに、そして文化的意味の深さに酔った。本書を手にとった読者もおそらくはリンゴに目がないか、強い関心をもっておられるのだろう。本書『花と木の図書館　リンゴの文化誌』はマーシャ・ライス著、*Apple*（Reaktion Books, 2015）の全訳で、リンゴの魅力と不思議を、歴史学、生物学、政治学、経済学、芸術、文学そしてちょっぴり音楽など、横断的な視点から解き明かしてくれる。冒頭に挙げた作家や芸術家たちは、そんな解明譚に関わって登場する。

本書で注目すべき内容をいくつかネタバレ覚悟で紹介しよう。

リンゴにまつわる話として、訳者も昔から不思議だったのがエデンの園のリンゴだ。聖書の物語が展開するのは中東地域で、リンゴの生育に適する冷涼な気候ではない。伝説であるとはいえ、エバが食べた果実はほんとうにリンゴだったのだろうか？　実はエデンの園の「リンゴ」はリンゴではなかったらしいと本書は教えてくれる。

さらにエバが知恵の木の実とされる「リンゴ」を食べ追放されるエデンの園の物語は、人間社会が狩猟採集から農業へと移行した、人間と自然との関係の革命的転換点を象徴する物語なのかもしれないという。

そしてアメリカがまだイギリスの植民地だった頃、植民者たちは移住先での生活の支えにリンゴの苗を携えて大西洋を渡った。このときのリンゴの旅は生物学的な視点で見ると、はるか昔に北アメリカを出たリンゴの祖先（原始的なバラ科の植物）が鳥類など動物たちを介して現在のベーリング海峡（かつては陸橋だった）をわたり、中央アジアで繁栄し、さらにヨーロッパへと運ばれ、ついに元の故郷へと帰還する旅でもあったのだ。

著者によれば、現在のリンゴは巨大化した市場のおかげで画一化され、品質が落ち、流通している品種も数えるほどしかない。消費者好みということで外観がきれいで甘くて赤いリンゴばかりが生産、販売され、酸味や渋み、旨味など複雑な風味を持つ伝統的品種のリンゴは姿を消してしまった。そして同時にリンゴの遺伝子プールが小さくなり害虫や病気に脆弱にもなっている。

それでも希望はある。大量消費市場に出まわる、味わいの深みに欠けたリンゴに疑問をもつようになった小規模農園や消費者が中心となって、伝統品種のリンゴが復活しつつあるからだ。一方でリンゴの生物的な特徴をうまく利用し伝統的な育手法を駆使しながら、これまでは難しいといわれていた高温地域でも栽培可能なリンゴの開発も試みられている。こうした最近のリンゴをめぐる動向は、おいしいリンゴの未来を支えると同時に、わたしたちが消費生活を見直し、健康と豊かな環境を取り戻すためのヒントを与えてくれているのかもしれない。

巻末には60種以上のリンゴについて品種ごとにその特徴がまとめられている。またリンゴ年表でははるか昔のリンゴの誕生から現代まで、リンゴをめぐる重要な出来事を知ることができる。これらに目を通すだけでも、リンゴへの知的興味がふつふつと湧いてくるだろう。

最後に本書で重要なテーマとなっている「リンゴ酒」という言葉についてだが、英語では「サイダー cider」、フランス語では「シードル cidre」という。ところがアメリカで「サイダー」というとアルコールを含まない果汁100パーセントのリンゴジュースのことだ。訳出に際しては基本的にアルコールを含むサイダーを「リンゴ酒」と訳出し、必要な場合には「シードル」も使った。アルコールを含まないリンゴジュースについては「ノンアルコール・サイダー」とした。

それでは、リンゴについて「えーっ、そうだったのか」満載の本書のおいしさをご堪能あれ。

2021年11月

柴田譲治

写真ならびに図版への謝辞

著者ならびに出版社は下記の図版資料元に掲載を許可頂いたことに感謝します(紙面の都合で図版に示せなかった情報については下記に示しました)。

Photo APAimages/Rex Features: p. 30; photos author: pp. 4, 6, 14, 43, 77, 106, 252 (top), 266, 268; photo BiltOn Graphics/BigstockPhoto: p. 225; photo © Jacques Boyer/Roger-Viollet/Rex Features: p. 70; British Museum, London (photo © The Trustees of the British Museum): p. 65; photos © The Trustees of the British Museum, London: pp. 21, 49, 122, 148, 152, 165, 188; photo dejavu/BigstockPhoto: p. 36; photo Evan-Amos: p. 31; photos Everett Collection/Rex Features: pp. 202, 205; photo F1 Online/Rex Features: p. 162; photo Food and Drink/Rex Features: p. 238; Frans Hals Museum, Harlem: p. 111; photo Anthony Hammond/Rex Features: p. 235; photo I.B.L./Rex Features: p. 187; photo Henryk T. Kaiser/Rex Features: p. 220; photo kimmyrm/BigstockPhoto: p. 81; Ross Kummer/BigstockPhoto: p. 84; Library of Congress, Washington, DC: pp. 18, 64 (top), 75, 129, 130, 141, 151 (top), 164, 177, 179, 208, 209, 210; photo Magimix/Solent News/Rex Features: p. 197; Milwaukee Art Museum, Wisconsin: p. 113; photo Monkey Business Images/Rex Features: p. 92; Musée d'Orsay, Paris: p. 134; photo © Neurdein/Roger-Viollet/Rex Features 151 (foot); plantillustrations.org: pp. 20, 146, 233; from *The Pomological Magazine*, V/2 (1839): p. 62; private collections: pp. 12, 53; photo Quirky China News/Rex Features: pp. 223; photo radubalint/BigstockPhoto: p. 240; photo © Roger-Viollet/Rex Features: pp. 79, 82; photo Vicki Rosenzweig: p. 248 (foot); from *St Nicholas: An Illustrated Magazine for Young Folks*; photo sarahdoow/BigstockPhoto: p. 15; photo songbird839/BigstockPhoto: p. 69; photo Pete Souza - White House via CNP/Rex Features: p. 93; Richard Sowersby/Rex Features: p. 86; Urban Fruit Action, Public Billboard Series, 2005, by Fallen Fruit Collaborative (David Burns, Matias Viegener and Austin Young): p. 219; photo U.S. National Library of Medicine (History of Medicine Division), Bethesda, Maryland: p. 156; Victoria & Albert Museum, London (photos V&A Images): pp. 23, 56, 58, 60, 64 (foot), 68, 73, 124, 137, 149, 150, 166, 193; Werner-Forman Archive: p. 53; photo WestEnd61/Rex Features: p. 174; photo YURY TARANIK/iStock International: p. 24.

年表

先史時代	原始的なバラ科の低木が北アメリカからアジアへ移動する。鳥類が種子を分散し，天山山脈に落ちたいくつかの種子が氷河時代を生き残り，今日のリンゴの木の祖先へと進化する。
前2600年頃	プアビ女王のシュメールの墓地にリンゴが埋められる。当時のリンゴに高い価値があったことがわかる。
前580～前529年頃	キュロス2世のペルシャ帝国でリンゴ栽培が広がる。
前334年頃	アレクサンドロス大王がペルシャを征服しリンゴ栽培をギリシャへもたらす。
前120 ～後1200年頃	中国とヨーロッパを結ぶシルクロードの商人たちが天山山脈を抜ける旅の途中でリンゴを摘み，多くの国に広める。
前27 ～後300年頃	古代ローマでリンゴの接ぎ木と栽培技術が完成され，その技術が帝国中に広がる。
600 ～ 900年頃	中東とスペインのイスラム教徒がローマ帝国のリンゴ栽培を保護，発展させる。
1066年	ノルマン人がグレートブリテン島を侵略し，新しいリンゴ品種とリンゴ酒醸造技術をもたらす。
1100年頃	シトー修道会の修道僧がスコットランド，ドイツ，スウェーデン，ポルトガルそして東地中海の修道院果樹園にリンゴ栽培技術を広め始める。
1517年	マルチン・ルターのカトリックの教義を批判すると，プロテスタントは北ヨーロッパ中に広がり，各地でリンゴの果樹園を開いた。リンゴは一帯の気候に適し，プロテスタントの勤勉倫理にかなうものだった。
1620年代頃	ヨーロッパの植民者は北アメリカへと向かい始め，リンゴの種子，接ぎ木，実生を新世界へ導入する。
1621年	リンゴ果樹園で重要な花粉媒介者となるヨーロッパのミツバチが，初めてヴァージニア州ジェームズタウンのイングランド植民地に到着。
1654年	オランダの植民者がリンゴを南アフリカへもたらし，植民

	者に果樹栽培を義務付ける。
1676年	ジョン・ウォーリッジはイギリス産リンゴの包括的論文を発表し，最高のリンゴ酒の生産に適しているかどうかでリンゴを評価した。
1788年	イングランドの商船の船長がオーストラリアにリンゴを持ち込む。
1790年	イギリスの植物学者トーマス・アンドルー・ナイトが初めて計画的にリンゴの交雑育種を行う。
1793年	ドイツ生まれでロシアで活動した植物学者ヨハン・ジーファースは天山山脈でマルス・シエウェルシ *Malus sieversii* を発見。のちに今日のリンゴの先祖と同定される。
1800～1900年頃	園芸と農業の技術が発達し，イギリス，ヨーロッパそしてアメリカでリンゴ生産の絶頂期となる。
1806年頃	ジョニー・アップルシードとして知られるようになるジョン・チャップマンが，アメリカ中西部のフロンティアでリンゴの種子を植え始め，その後も生涯続ける。
1809年	メアリー・アン・ブレイズフォードが若い頃ノッティンガムシャーの庭に実生苗を植える。この苗が実をつけイングランドで最も有名な料理用リンゴ，ブラムリーズ・シードリングとなる。
1864年	影響力のある牧師ヘンリー・ウォード・ビーチャーがリンゴはアメリカの「本当の意味での民主的果物」と宣言。
1860年代頃	アメリカでリンゴ酒をはじめあらゆるアルコール飲料の販売に反対する禁酒運動が盛んになり，多くのリンゴ果樹園が放棄，破壊される。
1872年	最初の冷蔵貨物列車の運転が始まり，リンゴなど傷みやすい食物の長距離輸送が可能になる。
1880年代～1900年頃	アメリカのリンゴ生産者の間で農薬噴霧の利用が広がる。
1884年	ロバート・ホッグが『果実便覧――イギリスの果実と果樹 *The Fruit Manual: A Guide to the Fruits and Fruit Trees of Great Britain*』という非常に詳細な解説書を出版し，イングランドの古いリンゴ品種の標準資料となる。
1894年	ミズーリ州，スターク・ブラザーズ種苗のクラレンス・スタークが，のちにレッドデリシャスと改名されるリンゴの

	栽培権を買収。
1904年	セントルイス万国博覧会で果物専門家J・T・スティンソンが「1日リンゴ1個で医者いらず」と宣言。この標語によってリンゴのイメージはアルコール飲料の原料から健康食品へと変容し始める。
1914年	スタークは自らゴールデンデリシャスと名付けたリンゴの繁殖権利を買収。
1920年	アメリカで禁酒法が発効し，リンゴ酒などのアルコール飲料の製造，販売が非合法となる。
1920年代頃	ワシントン州のリンゴ生産者がレッドデリシャスとゴールデンデリシャスの広大な果樹園を立ち上げ，販促キャンペーンを展開して地元品種を圧倒する。
1929年	ロシアの植物遺伝学者ニコライ・ヴァヴィロフがカザフスタンでマルス・シエウェルシ *Malus sieversii* の森を発見。この品種が今日のリンゴの祖先であることを明らかにする。
1942年	ヴァヴィロフはソヴィエトのスターリン政権下で逮捕され，サラトフの牢獄で死去。
1946年頃	イギリスの科学者がガス貯蔵技術を開発し，リンゴを倉庫内で長期間熟させず保存できるようになる。
1980年代頃	欧米の園芸家らがカザフスタンを訪問し，研究と遺伝多様性を保全する目的で何千ものリンゴの標本を持ち帰る。
1989年	リンゴの落果防止に使用される農薬アラールへの暴露が論争となり農薬に対する市民意識が高まる。
1990年代頃	中国がリンゴ生産量で世界をリードし始める。
1990年代頃	伝統品種と有機栽培のリンゴ生産，さらに伝統的なリンゴ酒の生産量が急速に伸び，大量消費市場では得られない味覚に支持が集まる。
2006年	ハニークリスプ（ハニークランチ）は市場での驚くべき成功により「リンゴのiPod」と呼ばれる。
2010年	植物遺伝学の国際団体がリンゴのゲノム配列を解読し，将来のリンゴ栽培に大きな可能性を開く。

注

序章　美と欲望と罪の象徴

1　Eric Sloane, *A Reverence for Wood* (New York, 1965), p. 84.
2　Jo Robinson, *Eating on the Wild Side: The Missing Link to Optimum Health* (New York, 2013), p. 7
3　Sara Sciammacco, Environmental Working Group, 'Apples Top EWG's Dirty Dozen', 22 April 2013, at www.ewg.org.
4　Slow Food USA, Ark of Taste, 'Newtown Pippin Apple', at www.slowfoodusa.org, accessed 15 January 2014.
5　同前. Slow Food USA sponsors the programme of planting Newtown Pippins in New York City.
6　Andrea Wulf, *The Brother Gardeners: Botany, Empire and the Birth of an Obsession* (London, 2008), p. 12.
7　Frank Browning, Apples (New York, 1998), p. 4.

第1章　野生より——抒情と哀歌

1　この章の引用はすべてヘンリー・デイヴィッド・ソロー「野生りんご」(『アメリカ古典文庫4』[木村晴子訳／研究社出版／1977年] 所収) より。原文は以下で参照可 'Wild Apples', *Atlantic Monthly*, November 1862, at www.theatlantic.com.

第2章　バラはバラであり、バラであり……リンゴである

1　Frank Browning, *Apples* (New York, 1998), p. 90.
2　同前.
3　Roger Yepsen, *Apples* (New York, 1994), p. 12.
4　Barrie E. Juniper and David J. Mabberley, *The Story of the Apple* (Portland, OR, 2006), p. 89.
5　ヘンリー・デイヴィッド・ソロー「野生りんご」(『アメリカ古典文庫4』[木村晴子訳／研究社出版／1977年] 所収). 原文は以下で参照可. Henry David Thoreau, 'Wild Apples', *Atlantic Monthly*, November 1862, www.theatlantic.

com.

6　2010年に決定されたゴールデンデリシャスの遺伝子配列に基づく。以下で参照可（2013年9月26日閲覧）www.biotechlearn.org.nz.

7　ハロルド・マギー『マギーキッチンサイエンス――食材から食卓まで』［香西みどり他訳／共立出版／2008年］Harold McGee, *On Food and Cooking: The Science and Lore of the Kitchen* (New York, 2004), p. 354.

8　Juniper and Mabberley, *The Story of the Apple*, p. 87.

9　果樹生産者エゼキエル・グッドバンドとの会話（2013年9月5日ヴァーモント州ダマーストンのスコット農場にて）.

10　Jo Robinson, *Eating on the Wild Side: The Missing Link to Optimum Health* (New York, 2013), p. 227.

11　Browning, *Apples*, p. 12.

12　Eric Sloane, *A Reverence for Wood* (New York, 1965), pp. 85, 81.

13　Association of University Technology Managers, The Better World Project, at www.betterworldproject.org, 2013年3月27日閲覧.

14　Robinson, *Eating on the Wild Side*, p. 228.

15　University of California, Center for Landscape and Urban Horticulture, 'Low Chill Apples', at www.ucanr.org, 2013年3月26日閲覧.

16　McGee, *On Food and Cooking*, p. 356.

17　Association of University Technology Managers, The Better World Project. 以下のウェブサイトを参照（2021年9月17日閲覧）. https://www.immagic.com/eLibrary/ARCHIVES/GENERAL/AUTM_US/A060315S.pdf

18　Rachel Hutton, 'With Honeycrisp's Patent Expiring, U of M Looks for New Apple', 1 October 2008. 以下で閲覧可. www.citypages.com.

19　John Seabrook, 'Crunch: Building a Better Apple', *New Yorker*, 21 November 2011, p. 54.

20　Hutton, 'With Honeycrisp's Patent Expiring'.

21　American Society for Horticultural Science, 'Computerized Tool Takes a Bite out of Traditional Apple Testing', 13 December 2011, at www.sciencedaily.com.

22　William Ellery Jones, ed., *Johnny Appleseed: A Voice in the Wilderness* (West Chester, PA, 2000), p. 35. より引用。

23　チャイルドは奴隷廃止論者で女性の権利活動家でもあり，現在ではアメリカ感謝祭をうたった詩「川をわたり森を抜けて Over the River and Through the Wood」で最もよく知られる.

24　Juniper and Mabberley, *The Story of the Apple*, p. 28.

25　Browning, *Apples*, p. 90.

26　アメリカ合衆国魚類野生生物局ニューヨーク地方事務所のカール・シュワルツとの談話. 2013年3月18日.

27　Juniper and Mabberley, *The Story of the Apple*, p. 75.

28　ソロー「野生りんご」Thoreau, 'Wild Apples'.

29　David Buchanan, *Taste, Memory: Forgotten Foods, Lost Flavors, and Why They Matter* (White River Junction, VT, 2012), p. 174.

30　Harold McGee, 'Stalking the Placid Apple's Untamed Kin', *New York Times*, 21 November 2007.

31　Juniper and Mabberley, *The Story of the Apple*, p. 91.

32　同前, p. 100.

33　エゼキエル・グッドバンドとの談話.

34　Juniper and Mabberley, *The Story of the Apple*, pp. 108-10.

35　同前, p.113.

36　S. A. Beach, *The Apples of New York*, vol. I (Albany, NY, 1905), p.13.

37　同前, p.15.

38　Verlyn Klinkenborg, 'Apples, Apples, Apples', *New York Times*, 5 November 2009.

39　以下のサイトを参照（2013年3月24日閲覧）. www.theenglishappleman.com

40　'Crab Apple Trees: Long-term Apple Scab Resistance Remains Elusive, Expert Says', Purdue University *Horticulture*, 8 September 2009, at www.sciencedaily.com.

第3章　甘さの果てに

1　ヘンリー・デイヴィッド・ソロー「野生りんご」（『アメリカ古典文庫4』［木村晴子訳／研究社出版／1977年］所収）. 原文は以下で参照可. Henry David Thoreau, 'Wild Apples', *Atlantic Monthly*, November 1862, at www.theatlantic.com.

2　Barrie E. Juniper and David J. Mabberley, *The Story of the Apple* (Portland, or, 2006), p. 87.

3　同前, pp. 17-22; Frank Browning, *Apples* (New York, 1998), p. 89.

4　Browning, *Apples*, p. 44.

5　ニューヨーク州ジェニーヴァのアメリカ農務省植物遺伝子源ユニットの

園芸家フィリップ・L・フォースラインによる。マイケル・ポーラン『欲望の植物誌―人をあやつる4つの植物』［西田佐知子訳／八坂書房／2012年］105ページ. Michael Pollan, *The Botany of Desire* (New York, 2001), p. 54. より引用.

6 Juniper and Mabberley, *The Story of the Apple*, pp. 33, 181.

7 同前, p. 78.

8 同前, p. 93.

9 Andrew Dalby, *Food in the Ancient World from A to Z* (London, 2013), p. 19.

10 Juniper and Mabberley, *The Story of the Apple*, p. 90.

11 John M. Wilkins and Shaun Hill, *Food in the Ancient World* (Malden, MA, and Oxford, 2006), p. 47.

12 Wilhelmina Feemster Jashemski and Frederick G. Meyer, *The Natural History of Pompeii* (Cambridge, 2002), pp. 124-5.

13 Juniper and Mabberley, *The Story of the Apple*, p. 129.

14 同前, p. 131.

15 エリカ・ジャニク『リンゴの歴史』［甲斐理恵子訳／原書房／2015年］第1章「中央アジアから世界へ」。原書の第1章は以下で閲覧可（2021年7月31日閲覧）https://www.salon.com/2011/10/25/how_the_apple_took_over_the_planet/

16 Joan Morgan and Alison Richards, *The Book of Apples* (London, 1993), p. 56.

17 Marcus Woodward, ed., *Leaves from Gerard's Herball* (New York, 1969), p. 93.

18 Morgan and Richards, *The Book of Apples*, pp. 60-61.

19 ジャニク『リンゴの歴史』

20 Ezekiel Goodband, blog entry, July 2013, www.scottfarmvermont.org.

21 Tim Hensley, 'A Curious Tale: The Apple in North America', Brooklyn Botanic Garden online, 2 June 2005, 以下で閲覧可. https://www.bbg.org/gardening/article/the_apple_in_north_americaat/

22 Morgan and Richards, *The Book of Apples*, p. 110.

23 ポーラン『欲望の植物誌――人をあやつる4つの植物』100ページ. Pollan, The Botany of Desire, p. 51.

第4章　リンゴ酒歳時記

1 ヘンリー・デイヴィッド・ソロー「野生りんご」（『アメリカ古典文庫4』［木村晴子訳／研究社出版／ 1977年］所収）. 原文は以下で参照可. Henry David Thoreau, 'Wild Apples', *Atlantic Monthly*, November 1862, at www.theat-

lantic.com.

2 Frank Browning, *Apples* (New York, 1998), p. 168.

3 Joan Morgan and Alison Richards, *The Book of Apples* (London, 1993), p. 57.

4 同前.

5 Marcus Woodward, ed., *Leaves from Gerard's Herball* (New York, 1969), p. 92.

6 同前, p. 94.

7 Browning, *Apples*, p. 170.

8 Morgan and Richards, *The Book of Apples*, p. 145; 他の文献によれば，サマセットでは第二次世界大戦までリンゴ酒が賃金とされていたと報告されている.

9 Tom Burford, *The Apples of North America* (Portland, or, 2013), p. 12.

10 William Kerrigan, *Johnny Appleseed and the American Orchard* (Baltimore, MD, 2012), p. 145.

11 『タイタン——ロックフェラー帝国を創った男』［井上廣美訳／日経BP社／2000年］Ron Chernow, Titan: The Life of John D. Rockefeller, Sr. (New York, 2004), p. 191.

12 ソロー「野生りんご」.

13 Kerrigan, *Johnny Appleseed*, p. 147.

14 Morgan and Richards, *The Book of Apples*, p. 126.

15 以下のウェブサイトを参照. www.hardciderinternational.com 2013年2月18日閲覧.

16 Morgan and Richards, *The Book of Apples*, p. 144.

17 David Buchanan, *Taste, Memory: Forgotten Foods, Lost Flavors, and Why They Matter* (White River Junction, VT, 2012), p. 193.

18 以下のウェブサイトを参照. www.camra.org.uk/aboutcider 2014年1月6日閲覧.

19 Adam Minter, 'Coming Your Way: China's Rotten Apples', 30 September 2013. 以下のウェブサイトで参照可 www.bloombergview.com.

20 Jennifer Ladonne, 'Sophisticated Cider', *France Today*, 17 June 2010, at www.francetoday.com.

21 'Forgotten Fruit Manifesto', 以下のウェブサイトで参照可（2013年3月29日閲覧）www.slowfoodusa.org.

22 Buchanan, *Taste, Memory*, pp. 205-6.

23 以下のウェブサイトを参照（2013年3月3日閲覧）www.origsin.com.

24 'Bulmers at its Best', www.bbc.co.uk/herefordandworcester, 2013年11月14日閲覧.

25 Pete Brown, 'Cider Around the World', 24 February 2012, 以下のウェブサイトで閲覧可. www.theguardian.com.

26 Warren Schultz, 'A Brew of Their Own', *Gourmet*, March 2006, p. 144

27 Tess Jewell-Larsen, 'Cider in Mexico Shouldn't Just be for Christmas: Q&A with Sidra Sierra Norte', 20 September 2012, 以下のウェブサイトで閲覧可. www.hardciderinternational.com.

28 Andrew Knowlton, 'Hard Cider, Huge Market', *Bon Appétit*, 21 May 2013, 以下のウェブサイトで閲覧可. www.bonappetit.com.

29 同前.

第5章　アメリカン・アップル

1 Joan Morgan and Alison Richards, *The Book of Apples* (London, 1993), p. 66.

2 Tammy Horn, *Bees in America* (Lexington, KY, 2006), p. 21.

3 Tom Turpin, 'Honey Bees not Native to North America', Purdue University News, 11 November 1999, 以下のウェブサイトで閲覧可. www.agriculture.purdue.edu.

4 Charles Louis Flint et al., One Hundred |ears' Progress of the United States (Hartford, CT, 1871), Bruce Weber, *The Apple of America: The Apple in 19th Century American Art*, exh. cat., Berry Hill Galleries, New York (1993), p. 14. より引用.

5 Andrea Wulf, *The Brother Gardeners: Botany, Empire and the Birth of an Obsession* (London, 2008), p. 5.

6 'The Newtown Pippin (Albemarle): A History Published 110 Years Ago', 15 March 2012, at www.heirloomorchardist.com.

7 From 'Johnny Appleseed', by Florence Boyce Davis, in William Ellery Jones, ed., *Johnny Appleseed: A Voice in the Wilderness* (West Chester, pa, 2000), p. 50.

8 California Department of Finance, 以下のウェブサイトで閲覧可 (2013年2月18日閲覧). www.ca.gov,

9 Elise Warner, 'The Apple, "Our Democratic Fruit"', *American Spirit*, vol. CXLVII, September/October 2013, p. 28.

10 William Kerrigan, *Johnny Appleseed and the American Orchard* (Baltimore, MD, 2012), p. 4.

11 Robert Price, 'Johnny Appleseed in American Folklore and Literature', in Jones, *Johnny Appleseed*, p. 26.

12 Jones, *Johnny Appleseed*, p. 99.

13 Kerrigan, *Johnny Appleseed*, p. 88.

14 マイケル・ポーラン『欲望の植物誌――人をあやつる4つの植物』[西田佐知子訳/八坂書房/2012年]. Michael Pollan, *The Botany of Desire* (New York, 2001), pp. 9, 39.

15 Kerrigan, *Johnny Appleseed*, p. 173.

16 S. A. Beach, *The Apples of New York*, vol. I (Albany, NY, 1905), pp. 5-6.

17 Tom Brown, 'Man Keeps History Alive with Junaluska Apple Find', *Blue Ridge Times-News*, 17 January 2011, 以下のウェブサイトで閲覧可. www.blueridgenow.com. [https://www.blueridgenow.com/article/NC/20110117/News/606010318/HT, 2021年8月15日閲覧]

18 Kerrigan, *Johnny Appleseed*, p. 68.

19 同前, pp. 91-3.

20 同前, p. 74.

21 Bruce Weber, *The Apple of America: The Apple in 19th Century American Art*, exh. cat., Berry Hill Galleries, New York (1993), p. 10.

22 同前.

23 同前.

24 Louisa May Alcott, *Transcendental Wild Oats* (Boston, ma, 1873), pp. 51-2.

25 John Matteson, *Eden's Outcasts: The Story of Louisa May Alcott and her Father* (New York, 2007), p. 141.

26 同前, p. 148.

27 Alcott, *Transcendental Wild Oats*, pp. 28-9.

28 同前, p. 62.

29 ロン・チャーナウ『タイタン――ロックフェラー帝国を創った男』[井上廣美訳/日経BP社/2000年] Ron Chernow, *Titan: The Life of John D. Rockefeller, Sr.* (New York, 2004), p. 222.

30 Morgan and Richards, *The Book of Apples*, p. 71.

31 Weber, *The Apple of America*, p. 19.

32 ヘンリー・ジェイムズ『アメリカ印象記』[青木次生訳/研究社出版/1976年『アメリカ古典文庫10』所収] 99ページ. James, *The American Scene* [London, 1907] (New York, 1968), p. 67.

33 同前, p. 17. 邦訳では p.49

34 'Modern Nature: Georgia O'Keeffe and Lake George', ニューヨーク州グレン

ズフォールで開催されたハイド・コレクションの展覧会で（2013年6月15日～9月15日）. exhibition at the Hyde Collection, Glens Fall, New York, 15 June-15 September 2013.

35 Elizabeth Hutton Turner, *Georgia O'Keeffe: The Poetry of Things* (New Haven, CT, 1999), p. 1.

36 同前 , p. 53.

37 Sarah E. Greenough, 'From the American Earth: Alfred Stieglitz's Photographs of Apples', *Art Journal*, Spring 1981, p. 49. より引用.

38 同前, p. 48. より引用.

39 同書から引用.

40 ヴァーモント州シャフツベリーのロバート・フロスト・ストーンハウス博物館の常設展示. 2013年10月9日訪問. Permanent exhibition at Robert Frost Stone House Museum, Shaftsbury, Vermont, visited 9 October 2013.

41 同前.

42 同前.

43 Beach, *The Apples of New York*, p. 7.

44 Jules Janick et al., 'Apples', *Horticultural Review*, Purdue University, 1996, p. 6, 以下のウェブサイトで閲覧可. www.hort.purdue.edu.［2021年9月現在，以下で閲覧可. https://www.hort.purdue.edu/newcrop/pri/chapter.pdf］

45 Anne Raver, 'He Keeps Ancient Apples Fresh and Crisp', *New York Times*, 2 March 2011.

第6章　リンゴ礼賛

1 以下のウェブサイトを参照. www.westminster-abbey.org, 2013年10月23日閲覧.

2 Barrie E. Juniper and David J. Mabberley, *The Story of the Apple* (Portland, OR, 2006), p. 133.

3 William Kerrigan, *Johnny Appleseed and the American Orchard* (Baltimore, MD, 2012), p. 74. より引用。

4 Joan Morgan and Alison Richards, *The Book of Apples* (London, 1993), p. 64.

5 同前, p. 65.

6 同前, p. 89.

7 Edward Bunyard, *The Epicure's Companion* (London, 1937), p. 156, Morgan and Richards, *The Book of Apples*, p. 88. より引用。

8 Tim Hensley, 'A Curious Tale: The Apple in North America', Brooklyn Botanic Garden online, 2 June 2005, at www.bbg.org.

9 Anya von Bremzen, *Mastering the Art of Soviet Cooking: A Memoir of Food and Longing* (New York, 2013), p. 34.

10 George Bunyard, *Fruit Farming for Profit* (Maidstone, 1881), Morgan and Richards, *The Book of Apples*, p. 112. から引用。

11 *Journal of Horticulture and Cottage Gardener*, vol. XXI, 1890, Morgan and Richards, *The Book of Apples*, p. 91. より引用。

12 以下のウェブサイトを参照. www.englishapplesandpears.co.uk, 2013年3月21日閲覧.

13 Edward Bunyard, *The Anatomy of Dessert* (London, 1929), pp. 3, 12.

14 Bruce Weber, *The Apple of America: The Apple in 19th Century American Art*, 展覧会カタログ, Berry Hill Galleries, New York (1993), p. 15.

15 ヘンリー・デイヴィッド・ソロー「野生りんご」(『アメリカ古典文庫4』[木村晴子訳/研究社出版/1977年] 所収). 原文は以下で閲覧可. Henry David Thoreau, 'Wild Apples', *Atlantic Monthly*, November 1862, https://www.theatlantic.com/magazine/archive/1862/11/wild-apples/411517/

16 C. J. Bulliet, *Apples and Madonnas: Emotional Expression in Modern Art* (New York, 1930), p. 4.

17 Meyer Schapiro, *Paul Cézanne* (New York, 1988), p. 96.

18 Deborah Rieselman, 'Photography Professor Researches Japanese Method of Raising Apples', *University of Cincinnati Magazine*, April 2008, 以下のウェブサイトで閲覧可 https://magazine.uc.edu/issues/0408/japanese_apples.html

19 Penelope Hobhouse, *Plants in Garden History* (London, 1997), p. 65. より引用.

20 John Ruskin, 'Notes on Some of the Principal Pictures Exhibited in the Rooms of the Royal Academy, etc.', E. T. Cook and John Wedderburn, eds, *The Complete Works of John Ruskin* (London, 1903-12), Weber, *The Apple of America*, p. 10. より引用.

21 Weber, *The Apple of America*, p. 10. より引用.

22 同書より引用.

23 Michael A. Dirr, Dirr's *Hardy Trees and Shrubs: An Illustrated Encyclopedia* (Portland, OR, 1997), p. 248.

24 S. A. Beach, *The Apples of New York* (Albany, NY, 1905), vol. I, p. 8.

25 Morgan and Richards, *The Book of Apples*, p. 93.

26 Eric Sloane, *A Reverence for Wood* (New York, 1965), p. 41.

27 Andy Dolan, 'Sir Isaac Newton's Apple Tree Falls Victim . . . after Visitors Damage its Roots', 12 May 2011, at www.dailymail.co.uk. 以下のウェブサイトで閲覧可. https://www.dailymail.co.uk/news/article-1385915/Isaac-Newtons-apple-tree-falls-victim-health-safety-visitors-damage-roots.html

28 Ajai Shukla, 'Isaac Newton's Apple Tree Travels in Space Shuttle Atlantis', 16 May 2010, 以下のウェブサイトで閲覧可. https://www.business-standard.com/article/economy-policy/isaac-newton-s-apple-tree-travels-in-space-shuttle-atlantis-110051600001_1.html

29 以下のウェブサイトを参照. http://www.bramleyapples.co.uk/bramley-apples-history/, 2013年3月1日閲覧.

30 Larz F. Neilson, 'Wilmington: The Home of the Baldwin Apple', 以下のウェブサイトで閲覧可. http://homenewshere.com/middlesex_east/article_aedc14a0-2d73-11e1-ae34-001871e3ce6c.html/, 2021年8月27日閲覧

31 Morgan and Richards, *The Book of Apples*, p. 146.

32 Henry S. Burrage, *Baptist Hymn Writers and Their Hymns* (Portland, ME, 1888).

33 アメリカ合衆国魚類野生生物局ニューヨーク事務所カール・シュワルツとの対談. 2013年3月18日.

第7章　リンゴの善

1 Frank Browning, *Apples* (New York, 1998), p. 86.

2 Abbie Farwell Brown, 'The King's Pie', *St Nicholas Magazine*, 1911. テキストは以下のウェブサイトで参照可. https://www.gutenberg.org/files/41729/41729-h/41729-h.htm/

3 Andrew Dalby, *Food in the Ancient World from A to Z* (London, 2013), p. 19.

4 William Kerrigan, *Johnny Appleseed and the American Orchard* (Baltimore, MD, 2012), p. 187.

5 T. Colin Campbell, *Whole: Rethinking the Science of Nutrition* (Dallas, TX, 2013), p. 154.

6 Jo Robinson, *Eating on the Wild Side: The Missing Link to Optimum Health* (New York, 2013), p. 228.

7 同前, p. 217.

8 同前, p. 226.

9 同前, p. 225. この試験は2006年にフランス国立保健医学研究所が実施した。

10 Commonwealth Science and Industrial Research Organization Australia, 6 December 2006, 以下のウェブサイトを参照. https://www.sciencedaily.com/releases/2006/11/061130190837.htm

11 Robinson, *Eating on the Wild Side*, p. 226.

12 Tara Parker-Pope, 'New Evidence for an Apple-a-Day', *New York Times*, 15 September 2011.

13 Browning, *Apples*, p. 139.

14 果樹生産者エゼキエル・グッドバンドとの談話。2013年9月5日ヴァーモント州ダマーストン，スコット農場にて。

15 Robinson, *Eating on the Wild Side*, p. 227.

16 Jennifer Lee, 'Should the Big Apple's Official Apple be Green?', New York Times, 24 April 2009, at http://cityroom.blogs.nytimes.com.

第8章　リンゴの悪

1 ヘンリー・デイヴィッド・ソロー「野生りんご」(『アメリカ古典文庫4』［木村晴子訳／研究社出版／1977年］所収). Henry David Thoreau, 'Wild Apples', *Atlantic Monthly*, November 1862, at www.theatlantic.com.

2 Ernst and Johanna Lehner, *Folklore and Symbolism of Flowers, Plants and Trees* (Mineola, NY, 2003), p. 19.

3 セオドア・ド・ブライによる挿絵 . Thomas Hariot, *A Brief and True Report of the New Found Land of Virginia* (London, 1590). 以下のウェブサイトで原文と挿絵を閲覧可. https://archive.org/details/briefetruereport00harr/mode/2up/

4 ヴィクトリア＆アルバート博物館のクラーナハ「パリスの審判」の解説参照. ww.collections.vam.ac.uk, 2013年12月14日閲覧.

5 ソロー「野生りんご」.

6 同前.

7 Debra Mancoff, *The Garden in Art* (London, 2011), p. 86.

8 Meyer Schapiro, 'The Apples of Cézanne', in *Modern Art 19th and 20th Centuries: Selected Papers* (New York, 1968), p. 5.

9 同前, pp. 5-6.

10 Dora Jane Hamblin, 'Has the Garden of Eden been Located at Last?', *Smithsonian* magazine, vol. XVIII, no. 2, May 1987, pp. 127-35.

11 John Matteson, *Eden's Outcasts: The Story of Louisa May Alcott and her Father* (New York, 2007), p. 72.

12　以下のウェブサイトを参照. https://www.barrypopik.com/index.php/new_york_city/entry/summary_why_is_new_york_called_the_big_apple/, 2021年9月16日閲覧.

13　Frank Bruni, 'The Siren and the Spook' *New York Times*, 12 November 2012.

14　Barrie E. Juniper and David J. Mabberley, *The Story of the Apple* (Portland, OR, 2006), p. 104.

15　Andrea Wulf, *The Brother Gardeners: Botany, Empire and the Birth of an Obsession* (London, 2008), pp. 7, 11.

16　Frank Browning, *Apples* (New York, 1998), p. 11.

17　同前, p. 77.

18　Andrew Dalby, *Food in the Ancient World from A to Z* (London, 2013), p. 19.

19　Wilhelmina Feemster Jashemski and Frederick G. Meyer, *The Natural History of Pompeii* (Cambridge, 2002), p. 125. より引用.

20　以下のウェブサイトを参照. www.vangoghvodka.com, 2014年1月16日閲覧.

21　Roger Yepsen, *Apples* (New York, 1994), p. 14.

22　Browning, *Apples*, p. 24.

23　William Kerrigan, *Johnny Appleseed and the American Orchard* (Baltimore, MD,2012), p. 175.

24　Andrea Rock, 'Debate Grows over Arsenic in Apple Juice', *Consumer Reports*, 14 September 2011, 以下のウェブサイトで閲覧可（2021年9月2日 閲覧）. https://www.consumerreports.org/cro/news/2011/09/debate-grows-over-arsenic-in-apple-juice/index.htm/

25　Browning, *Apples*, p. 38.

26　Alan Garner, 'My Hero: Alan Turing', *The Guardian*, 11 November 2011, 以下のウェブサイトで閲覧可. https://www.theguardian.com/books/2011/nov/11/alan-turing-my-hero-alan-garner/

27　Michael Moss, *Salt,Sugar, Fat: How the Food Giants Hooked Us* (New York, 2013), pp. 87-9. 以下のウェブサイトも参照（2013 年1月16日閲覧）. www.asrcreviews.org,

28　Moss, *Salt, Sugar, Fat*, pp. 88-9.

第9章　虚像

1　Barrie E. Juniper and David J. Mabberley, *The Story of the Apple* (Portland, OR, 2006), pp. 89-90.

2　Dora Jane Hamblin, 'Has the Garden of Eden been Located at Last?', Smithsonian magazine, vol. XVIII, no. 2, May 1987, pp. 127-35.

3　ダン・コッペル『バナナの世界史——歴史を変えた果物の数奇な運命』［黒川由美訳／太田出版／ 2012年］. 邦訳 p. 24. Dan Koeppel, *Banana: The Fate of the Fruit that Changed the World* (New York, 2008), p.6.

4　同前, 原書 p. 7.

5　Andrew Dalby, *Food in the Ancient World from A to Z* (London, 2013), p. 19.

6　Bonnie Rosenstock, 'Peter's Pear Tree Plaque is Going Home at Long Last', *The Villager*, vol. LXXIV, no. 45, 16-22 March 2005, より引用. 以下のウェブサイトで参照可（2021年9月4日閲覧）. https://www.amny.com/news/peters-pear-tree-plaque-is-going-home-at-long-last/

7　New-York Historical Society Museum and Library の以下のウェブサイトを参照（2021年9月4日 閲 覧）. https://www.nyhistory.org/exhibit/cross-section-stuyvesant-pear-treeat/

8　Marcus Woodward, ed., *Leaves from Gerard's Herball* (New York, 1985), p. 81.

9　同前, p. 79.

10　Ernst and Johanna Lehner, *Folklore and Symbolism of Flowers, Plants and Trees* (Mineola, NY, 2003), p. 85.

11　'Red Delicious or Wolf Apple? Brazilian Savanna Fruits High in Antioxidants', *Science Daily*, 22 August 2013, 以下のウェブサイトで閲覧可（2021年9月4日閲覧）https://www.sciencedaily.com/releases/2013/08/130822090505.htm/

12　Andrew Graham-Dixon, '*Le Jeu de Morre* by René Magritte, 1966; The Apple Corp. Logo, 1967', *Sunday Telegraph*, 3 September 2000, 以下で閲覧可（2021年9月4日閲覧）. www.andrewgrahamdixon.com.

13　Andrea Elliott, 'Jef Raskin, 61, Developer of Apple Macintosh, is Dead', *New York Times*, 28 February 2005, at www.nytimes.com.

第10章　果樹園芸と政治

1　Eleanor Atkinson, *The Romance of the Sower* (New York, 1915) の序文. アトキンソンは有名な犬グレーフライアーズ・ボビーについても早い時期に『グレーフライアーズ・ボビー *Greyfriars Bobby*』（1912）として情緒的な物語を著している.

2　William Kerrigan, *Johnny Appleseed and the American Orchard* (Baltimore, MD, 2012), p. 148.

3 Sara Calian, 'Urban Scrumpers Are Picking the Forbidden Fruit', *Wall Street Journal*, 29 October 2010, 以下のウェブサイトで閲覧可（2021年9月11日閲覧）. https://www.wsj.com/articles/SB10001424052702303738504575568070411401644

4 Kerrigan, *Johnny Appleseed*, pp. 161-7.

5 同前, pp. 66-7.

6 Daniel Okrent, *Great Fortune: The Epic of Rockefeller Center*（New York, 2004）, p. 188.

7 James McWilliams, 'Depression Apples', 17 February 2010, 以下のウェブサイトで閲覧可（2021年9月7日閲覧）. https://freakonomics.com/2010/02/17/depression-apples/

8 Kerrigan, *Johnny Appleseed*, pp. 158-9.

9 同前, p. 179.

10 David Buchanan, *Taste, Memory: Forgotten Foods, Lost Flavors, and Why They Matter*（White River Junction, VT, 2012）, p. 60. より引用.

11 Kerrigan, *Johnny Appleseed*, p. 186.

12 同前, p. 185.

13 Maria Anne Boerngen, *Trade and Welfare Effects of Japan's Revised Import Protocol for American Apples*, 学位論文, University of Illinois at Urbana-Champaign（2008）（Ann Arbor, MI, 2008）, pp. 2-6.

14 Barrie E. Juniper and David J. Mabberley, *The Story of the Apple*（Portland, OR, 2006）, p. 105.

15 Kerrigan, *Johnny Appleseed*, p. 175.

16 John B. Oakes, 'A Silent Spring, for Kids', 'Opinion' page, *New York Times*, 30 March 1989.

17 Kerrigan, *Johnny Appleseed*, p. 185.

18 Mitch Lynd, 'Great Moments in Apple History', Midwest Apple Improvement Association, at www.hort.purdue. 2012年11月11日閲覧.［2021年9月9日現在は以下のウェブサイトで閲覧可 https://southcenters.osu.edu/sites/southc/files/site-library/site-documents/HORT/newsletters/OhioFruitNews/Vol%204%20No%2024%20Aug%203%2000.pdf］

19 S. A. Beach, *The Apples of New York*（Albany, NY, 1905）, vol. I, p. 5.

20 Frank Browning, *Apples*（New York, 1998）, pp. 50-2. ブラウニングは1992年にカザフスタンへ行きジャンガリエフと会っている.

21 Calian, 'Urban Scrumpers are Picking the Forbidden Fruit'.

第11章　リンゴの現在と未来

1　以下のウェブページを参照. www.fruit-crops.com, Chapter IV, Production, 2013年1月17日閲覧.

2　以下のウェブサイトを参照（2021年9月10日閲覧）. https://www.groworganicapples.com/organic-orcharding-articles/apple-orchard.php/ .

3　WNYC ラジオの番組「レナード・ロベイト・ショー」でブリージー・ヒル・オーチャードのエリザベス・ライアンのラジオインタビュー（2013年9月27日）. 以下のウェブサイトで聴取可（2021年9月10日閲覧）https://www.wnyc.org/story/all-about-apples/

4　果樹生産者エゼキエル・グッドバンドとの談話. ヴァーモント州ダマーストンのスコット・ファームにて. 2013年9月5日.

5　同前.

6　同前.

7　Anne Raver, 'Totally Green Apples', *New York Times*, 16 November 2011, at www.nytimes.com. より引用.

8　同前.

9　'Apples: Fruit of Knowledge', *Martha Stewart Living*, October 2012, p. 119; 以下のウェブサイトでオンラインでの入手可. www.marthastewart.com.

10　以下のウェブサイトを参照. www.scottfarmvermont.com, 2021年9月17日閲覧.

11　Anne Raver, 'He Keeps Ancient Apples Fresh and Crisp', *New York Times*, 2 March 2011.

12　以下のウェブサイトを参照. www.kuffelcreek.com,（2021年9月17日閲覧）

13　エゼキエル・グッドバンドとの談話.

14　David Buchanan, *Taste, Memory: Forgotten Foods, Lost Flavors, and Why They Matter* (White River Junction, VT, 2012), pp. 62-3.

15　以下のウェブサイト参照 www.theenglishappleman.com, 2021年9月17日閲覧.

16　Harold McGee, 'Stalking the Placid Apple's Untamed Kin', *New York Times*, 21 November 2007.

17　'Crab Apple Trees: Long-term Apple Scab Resistance Remains Elusive, Expert Says', Purdue University *Horticulture*, 8 September 2009, 以下のウェブサイトで閲覧可（2021年9月17日閲覧）. https://www.sciencedaily.com/releases/2009/06/090625152931.htm.

18　Rachel Hutton, 'With Honeycrisp's Patent Expiring, U of M Looks for New

Apple', 1 October 2008, at www.citypages.com. より引用

19 Jennifer Ackerman, 'Food: How Altered', *National Geographic*, 以下のウェブサイトで閲覧可（2021年9月17日閲覧）. https://www.nationalgeographic.com/science/article/food-altered/

20 Andrew Pollack, 'That Fresh Look, Genetically Buffed', *New York Times*, 12 July 2012.

21 John Seabrook, 'Crunch: Building a Better Apple', *New Yorker*, 21 November 2011, p. 2.

22 Ashlee Vance, 'Minnesota's Enormous Apples Computer', *New York Times*, 10 December 2009.

23 Melissa Block, ジョン・シーブルックへのインタビュー. 'All Things Considered', National Public Radio, 19 November 2011.

24 S. K. Brown and K. E. Maloney, 'Making Sense of New Apple Varieties, Trademarks and Clubs', New York State Agricultural Experiment Station, Cornell University, Geneva, New York, 16 September 2009, 以下のウェブサイトで閲覧可（2021年9月12日閲覧）. https://nyshs.org/wp-content/uploads/2009/10/NYFQ-FALL-09-pp-9-12.pdf/

25 ニューヨーク州ホワイトクリーク、ペリー果樹園のジム・ペリーとの談話. 2013年11月13日.

26 Lizette Alvarez, 'Citrus Disease with no Cure is Ravaging Florida Groves', *New York Times*, 9 May 2013; ダン・コッペル『バナナの世界史：歴史を変えた果物の数奇な運命』［黒川由美訳／太田出版／2012年］. Dan Koeppel, *Banana: The Fate of the Fruit that Changed the World*（New York, 2008）, p. xviii.

27 Mitch Lynd, Frank Browning, *Apples*（New York, 1998）, p. 210. より引用.

マーシャ・ライス（Marcia Reiss）
『New York Then and Now』など，ニューヨークの歴史と建築に関する本を多数書いている。ニューヨーク市，非営利組織，大学，新聞社で働いたことがある。熱心なガーデナーでもあり，著書に文化や栽培等さまざまな観点からユリおよび「リリー」の名が付くスズラン，カラー，スイレンなどの歴史を書いた『花と木の図書館 ユリの文化誌』（原書房）がある。

柴田譲治（しばた・じょうじ）
1957年神奈川県生まれ。翻訳業。主な訳書にシモンズ，ハウズ，アーヴィング著『イギリス王立植物園キューガーデン版 世界薬用植物図鑑』，ダウンシー，ラーション著『世界毒草百科図鑑』，シップマン著『ヒトとイヌがネアンデルタール人を絶滅させた』，ハート著『目的に合わない進化』（以上，原書房）などがある。

花《はな》と木《き》の図書館《としょかん》

リンゴの文化誌《ぶんかし》

●

2022 年 *1* 月 *14* 日　第 *1* 刷

著者……………マーシャ・ライス
訳者……………柴田譲治《しばたじょうじ》
装幀……………和田悠里
発行者……………成瀬雅人
発行所……………株式会社原書房

〒 160-0022 東京都新宿区新宿 1-25-13
電話・代表 03(3354)0685
振替・00150-6-151594
http://www.harashobo.co.jp

印刷……………新灯印刷株式会社
製本……………東京美術紙工協業組合

ISBN 978-4-562-05956-0, Printed in Japan

チューリップの文化誌《花と木の図書館》

シーリア・フィッシャー著　駒木令訳

遠い昔、中央アジアの山々でひっそりと咲いていたチューリップ。インド、中東を経てヨーロッパに伝わり、世界中で愛されるに至った波瀾万丈の歴史。政治、経済、芸術との関係や最新チューリップ事情も。　２３００円

菊の文化誌《花と木の図書館》

トゥイグス・ウェイ著　春田純子訳

古代中国から現代まで、生と死を象徴する高貴な花、菊の知られざる歴史。菊をヨーロッパに運んだプラントハンターたちの秘話、浮世絵や印象派の絵画、菊と戦争、日本の菊文化ほか、菊のすべてに迫る。　２３００円

松の文化誌《花と木の図書館》

ローラ・メイソン著　田口未和訳

厳しい環境にも耐えて生育する松。日本で長寿の象徴とされるように、松は世界中で、忍耐、知恵、多産等の意味をもつ特別な木だった。木材、食料、薬、接着剤、想像力の源泉……松と人間の豊かな歴史。　２３００円

竹の文化誌《花と木の図書館》

スザンヌ・ルーカス著　山田美明訳

衣食住、文字の記録、楽器、工芸品…古来人間は竹と暮らし、精神的な意味をも見出してきた。現在、成長が速く環境負荷が小さい優良資源としても注目される。竹と人間が織りなす歴史と可能性を描く文化誌。　２３００円

バラの文化誌《花と木の図書館》

キャサリン・ホーウッド著　駒木令訳

愛とロマンスを象徴する特別な花、バラ。３５００万年前の化石から現代まで、植物学、宗教、社会、芸術ほかあらゆる面からバラと人間の豊かな歴史をたどる。世界のバラ園、香油、香水等の話題も満載。　２３００円

（価格は税別）